档案数字编研模式研究

曾静怡◎著

中国商务出版社

·北京·

图书在版编目（CIP）数据

档案数字编研模式研究 = Research on Archival
Digital Editing and Studying Mode / 曾静怡著；白
长虹总主编 . -- 北京：中国商务出版社，2024.
（管理学术创造力书系）. -- ISBN 978-7-5103-5460-1

Ⅰ . G272

中国国家版本馆 CIP 数据核字第 20240UP374 号

档案数字编研模式研究

曾静怡 著

出版发行：中国商务出版社有限公司
地　　址：北京市东城区安定门外大街东后巷 28 号　　邮　　编：100710
网　　址：http://www.cctpress.com
联系电话：010-64515150（发行部）　　　　010-64212247（总编室）
　　　　　010-64515210（事业部）　　　　010-64248236（印制部）
责任编辑：孟宪鑫
排　　版：北京嘉年华文图文制作有限责任公司
印　　刷：北京九州迅驰传媒文化有限公司
开　　本：710 毫米 ×1000 毫米　1/16
印　　张：11　　　　　　　　　　　字　　数：165 千字
版　　次：2024 年 12 月第 1 版　　　　印　　次：2024 年 12 月第 1 次印刷
书　　号：ISBN 978-7-5103-5460-1
定　　价：68.00 元

以学术创造力建构管理新世界

    管理研究与教育教学面向实践的转型成为商学院发展的迫切任务，建设中国自主管理知识体系成为我国学术发展的新制高点。

    与其他知识体系一样，管理知识体系始终处在演化之中。卡尔·波普尔（Karl Popper）将这种演化视为生命的进化过程，称知识的起源和进化与生命的起源和进化同步。根据这一认识，知识帮助人们适应环境，知识体系总是力图与环境保持适应关系。当人或环境的变化催生出新问题时，对问题的探究就会激发出创造知识的动力，进而推进知识体系的进化。当下，我国管理知识体系的演化正处于这样一种"从老问题到新问题"的转换阶段。

    问题之所以被视为科学、技术进步的起点，原因在于它能够激发人的创造力。一位哲学家曾指出，由于人类无法忍受单一的颜色、凝固的时空、自我的失落，因而创造出丰富多彩的世界。也就是说，人类对新颖性、新奇性有着本能的追求，而创造力被认为是"产生结果的过程，它是一个新颖且具有适当反应的成果、产品或是一个开放性问题的解决方案"。对于已有解答的老问题，创造力驱使人们不断地寻求更新的、有着更好解释力的答案，哪怕是与已有答案表述方式不同的等价思想；面对新问题，人们会表现出更大的热情，发挥自己的想象、猜想和联想能力，去试验各种可能的解答。英国学者戴维·多伊奇（David Deutsch）认为，"人类思想中最宝贵、最重要、最有用的一个属性，是它有能力一般性地揭示并解释真实世界的构造"；他还指出，"到目前为止，没有其他任何一个东西，包括计算机在内，能像人脑一样能'理解'一个解释，或者首先需要一种解释才能理解"。多伊奇是量子计算专家,对思维活动有独到的认识,"每发现一个新解释,每掌握一个现有解释,都取决于人类独特的创造性思维"。

与多伊奇描述的自然科学相比,管理学研究的问题发生在不断演进的情境中,如技术革命、全球竞争、产业组织乃至社会文化和劳动者心态,它们都在不断变化,这是管理学与自然科学的显著差异。在自然科学领域,艾萨克·牛顿(Isaac Newton)观察的光和阿尔伯特·爱因斯坦(Albert Einstein)观察的光完全一样,而在管理学领域,这两个时代的人文、社会和科技环境已有天壤之别。管理学研究的问题更多的是新问题,管理理论也在不断提升自己的解释力。当下,学术研究的主流是用原有理论来解释新问题,即"用旧地图寻找新世界"。当无法获得理想的解释时,再对原有基础理论进行一定程度的修正或更新,直至提出全新的理论。

管理理论旨在解决问题。好的理论或直接为管理者提供解决方案,或帮助管理者更好地认识问题,启发他们的思路,使之能够以深刻的洞察力或广阔的视角审视问题,找到更多的解决方案。近年来,管理研究产生了不少新的构念或理论模型,但真正能够为管理者带来有益启示的成果为数不多。由此可见,面向实践的管理研究不是对管理实践的简单归纳,人们也不能用研究成果的新颖度来衡量它们的理论贡献。我们应该重温拉瑞·劳丹(Larry Laudan)的观点,"在评价理论优劣时,我们应该问:'它们是否为重大问题提供了合适的解答?'"

问题意识引导着创造力,创造力驱动着探索性实践。这种实践的成果不仅有经过实践验证的新知识,还有大量的实践经验和实践智慧,包括许多未经很好整理的"默会知识"。更重要的是,由于解决方案的丰富性,实践探索的疆域非常广阔,这些积极的探索会改变人们对问题的认知,使原有问题得到新的澄清或解释,甚至引发出全新的问题,为人类的创造力展现出更为广阔的空间。从"旧地图"到"新世界",这样的突破性知识创造过程正在越来越多地发生在科技、工程、艺术和商业领域,新世界的实践探索者迫切需要更有意义的理论指导。

为构建更有意义的中国自主管理知识体系,我们需要有效地焕发学术创造力，发现有重要理论意义的实践新问题，通过与管理实践者更为主动的知识旋转和共振，通过与管理学界更为积极的学术交流与批判，协同共创中国式现代化所需要的管理新世界。此为"管理学术创造力书系"宗旨所在、使命所向。

《南开管理评论》主编、南开大学商学院院长、
幸福与创造实验室首席科学家
二零二四年岁末

数字技术对档案事业发展的影响是广泛而深远的。进入21世纪以来，对象的变化、方法的丰富、服务的多样无一不给档案事业尤其是档案管理工作带来变革。本书主要关注档案管理工作的其中一个环节——档案编研，提出并构建档案数字编研模式。

档案数字编研模式是指，数字时代档案部门为了实现特定的编研目标，在三元空间、五态四化、数字叙事等理论指导下，充分利用技术赋能与叙事介入双重作用力，以人机交互为起点，围绕"选题匹配–素材发现–叙事构建–成果呈现"四大业务程序形成的"业务–技术–应用"三位一体解决方案。档案数字编研模式核心要义为"技术编研"与"编研叙事"。

"档案数字编研模式"的提出有重要的理论意义和实践价值，是面向中国自主档案知识体系构建的重要努力。对学科发展而言，数字时代档案编研工作面临新的问题与挑战，传统档案编研理论面对不断发展的实践工作指导较为乏力，只有其理论得到适应性发展，才能提供相应的支撑；对实践工作而言，档案编研处于发展关键时期，只有面向档案工作数字化转型，才能有效发挥技术与叙事双重作用力。开展档案数字编研研究，既是对《"十四五"全国档案事业发展规划》的重要响应，也是对数字中国战略、文化强国战略以及《关于推进实施国家文化数字化战略的意见》的重要响应。

档案数字编研模式的构建，主要在于面向档案工作数字化转型，有效发挥技术与叙事双重作用力，实现档案数字编研转型，以充分发挥档案编研支撑作用，落脚在"转型""提升""服务"三个要点上。档案数字编研模式的构建，需要把握两个基本逻辑。其一，档案数字编研模式并非脱离传统编研模式的"空中楼阁",而是在守正基础上进行的拓新。其二,档案数字编研模式并非只是传统档案编研在数字空间的简单补充和延伸,而是经过融合发展形成了一种新的内在逻辑。

在目标导向与逻辑理路下,笔者采用"从理论到实践、从方法到应用"的思路对档案数字编研模式进行构建。

首先,笔者从理论基座、理论内核、理论要素三个角度探讨档案数字编研模式的理论构建,提出档案数字编研模式的理论模型。其中,理论基座面向数字化转型总体目标,引入"三元空间理论",在构建传统档案编研三元空间模型的基础上,提出档案数字编研模式构建的关键在于档案编研从物理空间到数字空间的拓展,明确了档案数字编研模式的工作空间。理论内核聚焦技术赋能与叙事介入双重作用力,笔者引入"五态四化理论"审视档案数字编研模式,提出档案数字编研模式是在新"三态"环境下的蝶变与跃升,即由档案对象管理空间拓展促使编研对象升级带来的是编研方法升级和编研服务升级。理论要素从逻辑上重新定义了编研的"选材-加工与编写-出版与发行"等工作内容,为档案编研从传统汇编转向数字叙事提供了重要基础,笔者提出档案数字编研模式主要由总体理念转向的数字故事化模块、面向内容生产的故事化叙事模块、面向故事表达的叙事可视化模块组成。理论模型从"业务-技术-应用"三个层次进行构建,包括基于人机交互的档案编研业务逻辑建构、面向数字叙事的档案编研技术架构再造、价值驱动的档案编研数字应用场景重塑三个部分,作为落脚点相对完整呈现出档案数字编研模式理论框架,明确了档案数字编研模式实践应用取向。

其次,围绕档案数字编研模式的理论构建,笔者针对"档案数字编研模式的业务逻辑""档案数字编研模式的技术架构""档案数字编研模式的应用探索"进行了详细探讨,进一步从"认识论"与"方法论"层面厘清了档案数字编研模式"是什么""怎么做"的问题。

"档案数字编研模式的业务逻辑"以传统档案编研基本程序"选题-选材-加工与编写-出版与发行"为基础,围绕"从需求到业务、从载体到内容、从离散到有序、从选择到组合"四个部分进行构建。根据业务开展的先后次序，档案数字编研模式的业务程序表现为"选题匹配－素材发现－叙事构建－成果呈现"。其中，选题匹配指向数字故事化，以馆藏资源脉络梳理与选题匹配分析为工作中心；素材发现与叙事构建指向故事化叙事，以故事性要素解析、上下文应用、情节单元组织、叙事性线索分析、情节生成为工作中心；成果呈现指向叙事可视化，以话语构建与数字化传播为工作中心。

"档案数字编研模式的技术架构"不仅探讨的是档案数字编研应该具有什么技术能力，还包括对档案编研工作已有技术基础的综合考量，是一种"技术向善"思维的运用。在技术选型的基础上，档案数字编研模式的技术框架由四个技术模块构成。其中，档案数字编研平台技术模块面向人机交互，围绕"选题匹配－素材发现－叙事构建－成果呈现"进行功能设计，是档案数字编研模式运作的起点；数字故事化技术模块面向档案编研对象升级，通过建设档案专题数据库与档案编研选题数据库支撑选题匹配；故事化叙事技术模块面向编研方法升级，通过构建"资源－要素"双层主题地图与上下文嵌入的档案叙事知识图谱，从静态关联与动态聚合两个方面支撑素材发现与叙事构建；叙事可视化技术模块面向编研服务升级，通过构建数字产品框架与融媒体平台框架支撑成果呈现。

"档案数字编研模式的应用探索"在不同应用场景下，面向不同类型档案数据，对档案数字编研模式的具体运用进行研究，涉及案例主要来自笔者前期参与的一些实践性项目。其中，苏州丝绸档案的数字故事化探索进一步说明，苏州丝绸档案专题数据库与数字故事化框架的构建思路，凸显档案数字编研模式在推动遗产价值转化上的价值；吴宝康人物档案的故事化叙事探索进一步说明了情节驱动与上下文应用的故事化叙事构建，凸显档案数字编研模式在促进红色文化基因传承上的价值；安徽大学历史照片档案的叙事可视化进一步说明，以叙事可视化为目标的照片档案创新编研思路，凸显档案数字编研模式在支撑高校文化记忆建设上的价值。三个项目开展的不同模式代表了档案数字编研模式的不同应用场景，显示出档案数字编研模式实践图景的多样性。

　　档案数字编研模式研究是在笔者博士论文基础上拓展而来的。在中国人民大学硕博连读期间，笔者主要在数字人文视域下开展档案开发利用研究。在博士研究生导师徐拥军教授与硕士研究生导师牛力教授的带领下，笔者有幸参与了很多企事业单位项目，其中不乏利用数字技术赋能与引入故事化理念，促进档案深度开发利用的探索，这为笔者博士论文的选题与写作奠定了坚实的基础。在这个过程中，笔者开始思考"什么是档案？什么是档案学研究？"。似乎数字人文学者所使用的档案并非档案学者所说的档案，档案开发利用所采用的方法并非档案学所指涉的方法。也是在这个过程中，笔者开始感到数字时代档案编研理论发展的迫切性与必要性。因此，在2021年秋天，笔者将研究方向聚焦为"数字编研"，尝试立足档案编研理论，融入技术赋能与叙事介入两个变量，构建档案数字编研模式。回想写作博士论文的日子，彼时受限于技术实现限制，仅是验证了部分场景，尚未全面实现数字编研功能。然而，毕业后工作一年来，笔者无不感慨数字技术的快速蝶变，数字编研也更多地显现出"智能化"发展趋势，或许在大语言模型的发展下，本书关于档案数字编研平台的一些功能性设想将逐一变成现实，档案编研的数字篇章将得以真正开启！

　　感谢南开大学商学院、中国商务出版社的人力支持，让此书得以付梓。由于笔者学识水平有限，书中不妥之处在所难免，敬请同行专家和读者批评指正！

曾静怡

2024年8月于南开园

目录

第一章

绪论

第二章

核心概念界定与文献综述

第三章

档案数字编研模式的提出

第四章
档案数字编研模式的理论构建

第五章
档案数字编研模式的业务逻辑

第六章
档案数字编研模式的技术架构

第七章
档案数字编研模式的应用探索

图目录

表目录

绪论

近年来，档案编研领域出现了一些新的现象，主要表现为数字技术应用对档案编研的赋能，叙事转向介入对档案编研内容组织的活化。这给档案编研研究带来了新的议题，其中一些问题有待进一步反思与探讨。

第一节　研究背景

一、数字技术赋能档案编研工作创新

随着数字技术在档案领域的广泛应用，档案信息化进程的加快，大部分档案业务工作如档案收集、档案整理、档案开放鉴定、档案利用服务等在不同程度上已实现了一定的数字赋能与数字创新，档案编研领域亦如是。

在选题层面，档案编研选题走向社会化。互联网为档案编研的组织者和用户提供了更便捷的沟通渠道，公众需求与期待得到重视（黄夏基与梁艳，2016）。在选材方面，选材类型范围更加多样化，既不会局限于本馆馆藏，也不会局限于纸质资源，通过互联网获取更广泛的资源成为档案编研素材来源的重要方式。在成果形式层面，数字赋能最为显著，编研成果从传统主流图书形式，拓展到视频、网站、专题数据库等多种形式。例如，在浙江省2019—2020年度全省优秀档案编研成果评选中，5项一等奖中3项用图书作为载体，2项采用视频，包括宁波市建设数据和档案管理中心的《从句章古城到港口名城——宁波城市变迁略史》与台州市档案馆的《记忆高迁》。其中，台州市档案馆的《记忆高迁》是以仙居县白塔镇高迁

村为对象，拍摄制作的台州市古村落数字短片。又如，在国家档案局2020年度优秀科技成果评选中，新形式的档案编研成果特色明显。其中，由台州市档案局（馆）与中国人民大学档案学院共同完成的《"台州古村落"数字记忆建设研究》、由安徽大学档案馆与中国人民大学档案学院共同完成的《高校历史照片档案智能编研系统》项目获得二等奖。上述项目不仅探寻了数字技术在档案编研中的具体赋能方法，同时在成果呈现形式上别具一格，探讨了采用网站形式的成果多维展示。得益于数字红利，部分研究也对档案编研的新方法与技术应用进行了探讨，提出了档案数据化编研的系统功能参考模型（祁天娇等，2022）。基于数字人文档案编研辅助方法（房小可等，2020），对具体技术如LDA主题挖掘其在北京香山红色档案中的应用进行了研究（陈忻等，2021），促进了档案编研在方法层面的创新。

二、叙事转向介入档案编研业务场景

20世纪80年代起，以历史学为起点，叙事经历了从文学到其他学科、从文本到实践的转向。档案学也不例外，档案叙事研究兴起，发展为后现代主义思潮下的一个重要研究内容。后现代主义将档案视为一种交流方式（Cook & Schwartz，2002；乔硕功，2020）。档案叙事被认为是对档案证据的批判性解读，而不仅仅是对过去的客观和真实的表述（Decker，2013）。目前关于档案叙事的研究仍处于发展阶段，边界尚未有效界定，出现了不同的研究视角，既有宏观层面的探讨，也有微观层面的探求。其中，宏观层面以档案为起点探讨叙事的逻辑，主要研究档案叙事与历史构建之间的关系，探索了记录媒介变迁下的档案历史叙事（杨光与奕宛，2019）、档案历史记忆的空间叙事（张斌与王露露，2019）、社群叙事运动下的档案叙事体系发展等（李孟秋，2021）；微观层面将叙事作用于档案，更多表现在档案开发利用活动中对叙事手段的应用，落脚在档案知识服务（牛力等，2021）、档案文化传播（周林兴与崔云萍，2021）、档案展览宣传（宋鑫娜，2019；谢玉雪，2020；龙家庆，2020）、档案公众教育（龙家庆，2020）等方面，而这些方面的叙事进一步凸显了档案故事化叙事趋向。

在档案编研业务场景，叙事转向介入较多，主要有内外两种表现，落脚在讲故事上。向内，在研究层面，档案编研工作愈发注重叙事手段的加入，将不同的叙事策略运用在展览的文本建构、素材收集、形式设计和内容讲解中，选择符合数字档案特点以及现代社会需要的叙事主题、叙事结构、叙事视角、叙事语言讲好档案故事（宋鑫娜，2019；谢玉雪，2020）。同时开始依托时空与主题两类属性构建叙事主线，探索档案编研成果的故事化自动采编思路（曾静怡等，2021）。在实践层面，档案编研的叙事转向则以城市记忆工程建设为典型代表。档案是城市记忆的载体，是保护和构建城市记忆的重要资源（牛力与王烨楠，2016）。20多年来，基于档案的城市记忆工程工作开展得如火如荼，探讨以"讲故事"为中心的城市记忆档案资源的新型编研形式，产生了多形式的编研成果。既有传统的图书、展览，如"杭州城市记忆"系列丛书、"城市记忆 时光珍藏——上海市档案馆藏珍档陈列"，也有新型的编研成果，如"北京记忆"大型文献资源库、青岛记忆网站。对外，近年来，档案编研工作在服务国家历史叙事方面发挥的作用较大，通过讲好建党百年、精准扶贫等档案故事，参与国家历史叙事。例如，中央档案馆联合中央人民广播电视总台新闻新媒体中心在中国共产党成立100周年之际，推出百集微纪录片《红色档案——走进中央档案馆》，生动讲述档案背后的人物和故事，从多个角度呈现中国共产党始终秉承的初心和使命。又如，为真实记录十八洞村脱贫攻坚过程和成果，中共湖南省委宣传部和湖南省扶贫开发办公室联合出版《立此存照：十八洞村精准扶贫档案实录》，记录扶贫成果，印证扶贫过程，体现扶贫成就，讲好扶贫故事。

三、档案编研处于转型发展关键时期

从政策方向而言，档案编研工作正处于数字转型发展的关键时期。

一方面，新时期、新时代、新征程对档案编研工作发展提出新要求。《"十四五"全国档案事业发展规划》明确指出，档案信息化建设进一步融入数字中国建设，新一代信息技术在档案工作中的应用更为广泛，信息化与档案事业各项工作深度融合，档案管理数字化、智能化水平得到提升，

档案工作基本实现数字转型。2021年7月，习近平总书记对档案工作的重要批示，为做好新时代档案工作提供了根本遵循和科学指引（陆国强，2021）。各级各类档案部门在学习习近平总书记重要批示精神时，大多数都提出将档案编研作为重要任务加以推进。例如，四川省档案馆提出要管好、用好红色档案资源，传承红色基因，持续推出更多优秀的档案编研成果和档案文化产品。该任务在推进过程中取得了一些成果。又如，湖南省档案馆在红色档案资源利用上，编印"党和国家领导人与湖南档案选录"、编辑"红色家庭档案"系列丛书、拍摄《血色潇湘》电视专题片；在展示重大成就上，编辑"档案见证历史"系列丛书、拍摄《档案里的洞庭故事》电视专题片等。

另一方面，文化数字化时代的加速到来，给档案工作带来新契机。2022年5月，中共中央办公厅、国务院办公厅印发《关于推进实施国家文化数字化战略的意见》。文化数字化对文化内容、文化展现与传播方式、文化产品与服务体验等方面的变革，释放了重要的信号（柯平等，2022）。这对档案内容供给的主要业务——档案编研工作也提出了方向指引。档案编研工作应借助文化数字化的重要契机，加强"数字思维"应用，进一步探索档案编研工作的数字化转型，增强档案内容供给能力。

四、数字时代呼吁档案编研理论发展

对学科发展而言，数字时代档案编研工作面临新的问题与挑战，传统档案编研理论对于不断发展的实践工作的指导较为乏力，只有理论得到适应性发展，才能提供相应的支撑。数字时代档案编研理论发展的动力主要有两个方面。

一方面，鉴于档案编研工作以档案馆（室）档案为基础，档案的收集、整理、保管、鉴定等其他各个环节的工作将直接影响档案编研工作的开展，数字时代档案编研对象的变化（从以纸质为主转移到以数字为主）促使档案编研手段、成果呈现形式也发生相应变化。档案的收集、整理、保存、鉴定等理论、方法的发展会促使档案编研理论、方法的不断发展，以解决档案编研理论在面对不断变化的实践工作时解释力、指导力不足的问题。

另一方面，近年来学者对档案编研理论创新已有一些探讨，新理念、新技术的引入促使档案编研更加具有活力与生机，但是未形成系统性的理论框架，亟须在数字文明下找准定位，进一步开展研究。具体而言，受到技术赋能与叙事介入的影响，档案编研工作的生态发生了明显变化，更加具有活力与生机，但是存在的问题也较为明显。从效果来看，无论是技术还是叙事在档案编研领域的应用，对档案编研工作的优化都有限。于技术而言，目前关于数字技术的全面赋能仍缺乏系统、清晰的路径；于叙事而言，目前叙事在档案编研中的应用同样缺乏较为清晰的路径与方法。总而言之，技术与叙事单点作用力仍不明不准，更无从谈双重作用力的发挥。虽然目前已有关于"数字编研"相关概念的研究与逻辑构建，但是仍处于起步阶段，相关研究视角较为单一，未能实现从理论到实践、从方法到应用的一体化探讨。随着数字技术不断发展，叙事转向理念不断深化，档案实践工作持续开展，为更好地指导档案编研实践工作，有必要科学探讨数字时代档案编研理论发展，档案编研理论的发展也备受期待。

综上，无论是档案编研理论还是档案编研实践，亟须突破、创新。本书在此背景下开展研究，以提升档案编研工作水平为目标，通过解决技术赋能、叙事介入双重作用力下如何将技术、叙事、编研有效结合的问题，探讨档案编研工作的数字化转型与创新发展，构建档案数字编研模式，丰富档案编研理论与应用研究，供实践部门参考借鉴。

第二节　研究意义

一、理论意义

首先，本书关于档案数字编研模式的构建与研究是对数字时代档案编研理论的发展与探索，能够丰富与充实档案学基础理论与档案学应用理论。其中，在基础理论方面，本书对档案数字编研概念的内涵与外延进行了界定，对档案数字编研模式进行了理论构建，明确了档案数字编研模式的理论基座、理论内核、理论要素与理论模型。在应用理论方面，本书对档案价值理论与档案利用理论进行了丰富。对档案价值理论而言，本书提出了通过档案数字编研实现档案价值重构与价值实现的创新路径；对档案利用理论而言，本书提出了以用为导向、服务更好利用的档案故事化编研思路，并构建了可实现的档案数字编研方法体系。

其次，本书从档案数字编研方法层面探寻档案叙事"何以可能"与"何以可为"，是对档案叙事理论的完善，能够从实现角度推动档案叙事的落地研究。

最后，本书从故事化叙事的角度探寻档案的深度开发利用新思路，有利于促进档案活化、深度利用与广泛传播，提供了非纯粹技术层面的数字人文研究与应用探索，有助于推动档案叙事接轨数字人文，为数字人文研究与应用提供支持。

二、实践意义

首先，本书可指导档案实践部门构建并应用档案数字编研模式，有利于创新档案编研工作思路，提高档案编研工作效率，提升档案编研成果的质量和传播力，发挥档案工作对各项工作的支撑作用与服务作用。

其次，本书有助于凸显档案工作价值，推动档案工作数字转型。尤其是在档案信息化战略转型的大背景下，以档案编研为切口探寻其信息化转型，能够倒逼其他业务环节如收集、整理、鉴定等信息化转型，从而推动档案工作整体信息化转型，提升整体档案工作水平，是对《"十四五"全国档案事业发展规划》的重要响应。

最后，本书从档案学层面对文化数字化进行了有益探索，提出了一套有效发挥档案文化价值、支撑文化建设的方法体系，是对数字中国战略、文化强国战略以及《关于推进实施国家文化数字化战略的意见》的重要响应。

第三节　研究问题与思路方法

一、研究问题

本书所研究的核心问题为，如何在数字化背景下，将技术和叙事有效结合，应用于档案编研中，构建档案数字编研模式，实现档案编研转型升级。为了回答这一问题，本书依次解决三个子问题，具体如下：

（1）**"为什么"**的问题。主要涉及档案数字编研模式的提出背景，模式构建的主要目标、逻辑理路与构建思路，以明确档案数字编研模式研究边界。

（2）**"是什么"**的问题。主要涉及档案数字编研模式的理论构建，明确技术与叙事的应用点，重点在于从"理论基座－理论内核－理论要素－理论模型"四个方面科学构建档案数字编研模式的理论框架。

（3）**"怎么做"**的问题。主要涉及档案数字编研模式的具体实现，重点在于从"业务－技术－应用"三个方面分析档案数字编研模式的实现要点。

二、研究思路

本书以问题为导向，遵循"为什么－是什么－怎么做"的逻辑，按照"逻辑起点－顶层设计－具体实现"的路径开展研究。研究思路如图1–1所示。

其中，逻辑起点部分主要探寻档案数字编研模式提出的必要性和可行性，明确档案数字编研模式构建的主要目标与逻辑理路；顶层设计部分主要解决档案数字编研模式是什么的问题，从理论基座、理论内核、理论要素、理论模型四个方面进行构建；具体实现部分从业务、技术与应用角度具体阐释档案数字编研模式的业务逻辑、技术架构与应用探索，勾勒出档案数字编研模式的总体实现框架。

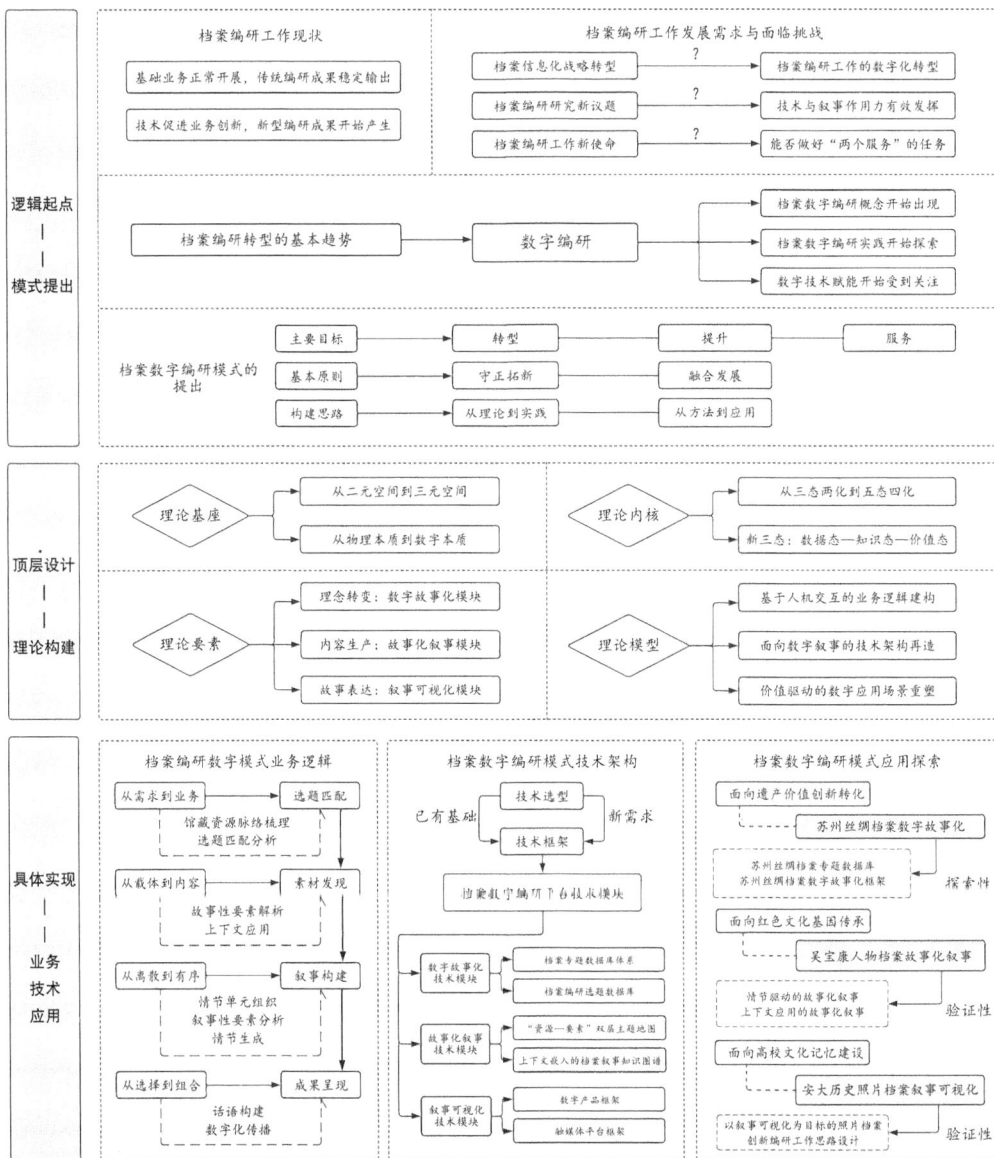

图 1-1 本书技术路线

三、研究方法

本书所采用的研究方法具体如下：

（1）**文献调查法**。笔者利用中国知网、Web of Science、Springer 等文献平台进行数字编研、档案叙事等相关文献的收集和整理，获取相关基础知识，明确本书要研究的问题。笔者充分利用网络文献了解档案部门编研工作的优秀实践。

（2）**实践调查法**。一方面，笔者前往北京市档案馆、北京市海淀区档案馆、苏州中国丝绸档案馆等地开展实地调研，与编研工作者交流，了解当前档案馆编研工作情况；另一方面，笔者围绕档案数字编研模式应用前往苏州中国丝绸档案馆、中国人民大学档案馆、安徽大学档案馆等开展专题调研，为本书积累实践素材。

（3）**访谈调查法**。笔者选择河南省档案馆、山东省档案馆、四川省档案馆、成都市档案馆、北京市档案馆、杭州市档案馆、苏州市档案馆、海淀区档案馆、中国石油档案馆与苏州中国丝绸档案馆开展电话调研与问卷调研。以上档案馆在档案编研方面有一定特色，近年来也有一些创新探索，为笔者了解当前档案编研工作现状与发展需求提供了较好的数据支撑。此外，笔者在应用探索部分，使用访谈调查法了解用户对苏州丝绸档案数字故事化框架构建的评价，从用户反馈角度说明苏州丝绸档案数字故事化框架构建的价值。

（4）**理论建构法**。理论通过概念模型、理论叙述、统计假设呈现。理论建构法在本书中的运用主要有两个方面：其一，本书在技术赋能和叙事介入双作用力视角下对档案数字编研理论进行建构，从理论基座、理论内核、理论要素与理论模型四个方面构建档案数字编研模式理论框架。其二，本书应用理论建构法对档案数字编研模式的业务逻辑、技术架构、应用探索的具体内容进行建构。

（5）**案例研究法**。案例研究有特定的使用范畴，特别适用于解决"怎么回事""为什么"（Yin，1994）。实证数据主要来自观察、访谈、文档以及问卷调查（Eisenhardt，1989）。案例研究法在本书中的运用有两处：一是在模式提出部分，分析了已有数字编研理念应用的探索；二是在模式应用探索部分通过多个典型案例进行实践验证和分析归纳，推动档案数字编研模式从理论到实践的闭环研究。

（6）**比较分析法**。一是本书在提出档案数字编研模式时，从"恒"与"变"两个方面将其与传统档案编研模式进行比较；二是本书在探讨档案数字编研模式的技术实现时，在已有档案编研技术基础上，围绕档案数字编研模式业务逻辑要点，从比较视野开展技术选型。

第四节　研究创新

一、研究视角创新

目前关于档案数字编研模式的研究尚处于破题阶段。本书宏观上从三元空间与技术变迁融合视角对档案数字编研模式进行理论构建，微观上聚焦技术赋能与叙事介入双重作用力对档案数字编研模式进行方法构建，突破此前研究视角囿于技术单点应用或叙事仅理念引入，从理论到实践、从方法到应用对档案数字编研模式进行了全面、系统的探讨。

二、学术观点创新

本书提出的创新性学术观点主要包括：一是档案数字编研面向数字档案资源，通过数字技术开展选题、选材、加工与编写等工作，形成可在数字环境下传播成果的新型编研。二是档案数字编研模式构建的关键在于档案编研数字空间的拓展，档案数字编研模式是在新"三态"环境下的蝶变与跃升。三是档案数字编研模式由总体理念转向的数字故事化模块、面向内容生产的故事化叙事模块、面向故事表达的叙事可视化模块组成。四是档案数字编研模式的构建包括基于人机交互的档案编研业务逻辑建构、面向数字叙事的档案编研技术架构再造、价值驱动的档案编研数字应用场景重塑等。

三、技术方法创新

本书将自顶向下与自底向上逻辑相结合，从理论与实践层面对档案数字编研模式进行构建，形成一套理论可依、技术可行、实践可证、能够在多个实践场景应用的档案数字编研工具包，且面向不同应用场景、档案数据对象开展探索性与验证性探讨，突破了当前研究重理论构建、缺实践探讨的弊端。

本章阐述了"档案数字编研模式研究"的研究背景，从理论与实践两个方面阐述了选题的研究意义，明确本书的研究问题为"如何在数字化背景下，将技术和叙事有效结合、应用于档案编研，构建档案数字编研模式，实现档案编研转型升级"。围绕研究问题，明确"遵循'为什么-是什么-怎么做'的逻辑，按照'逻辑起点-顶层设计-具体实现'的路径开展研究"的研究思路与六个研究方法，提出本书的研究创新点主要在于研究视角创新、学术观点创新、技术方法创新。

核心概念界定与文献综述

对相关概念进行梳理分析与界定，有助于确定本书研究边界，明确本书研究内容。对已有研究成果的梳理总结，有助于为本书研究提供基础和参考，也有助于明确本书研究的空间和方向。

第一节　核心概念界定

本书涉及的核心概念主要有三个：一是数字编研；二是档案叙事；三是档案数字编研模式。

一、档案、档案编研与档案数字编研

数字编研与档案、档案编研概念密切相关，档案与档案编研的概念界定是数字编研概念界定的重要基础。因此，本书首先对档案与档案编研概念进行界定，进而推导出档案数字编研的概念。

1.档案

本书所用"档案"定义以2021年1月1日起施行的《中华人民共和国档案法》（以下简称新《档案法》）为准。

新《档案法》第二条对"档案"定义如下："本法所称档案，是指过去和现在的机关、团体、企业事业单位和其他组织以及个人从事经济、政治、文化、社会、生态文明、军事、外事、科技等方面活动直接形成的对国家和社会具有保存价值的各种文字、图表、声像等不同形式的历史记录。"

2.档案编研

"编研"一词具有显著的中国特色，其出现有特定的时代背景，并在时代发展中发生了变化。首先，伴随档案编研业务工作的开展，档案编研的定义基本上有了共识。王英玮教授等在其编著的教材《档案管理学》第5版中指出，"档案编研工作，指的是以馆（室）藏档案为主要对象，以满足社会利用需要为目的，在研究档案内容的基础上，对档案文献进行收集、筛选、加工，形成不同形式的出版物，供社会各方面利用的一项专门工作"（王英玮等，2021）。

随着时代的发展，档案编研的概念发生了"深化"与"泛化"。档案编研的概念并非局限于传统的理解，而是在对象、方法、服务上都发生了拓展与深化。从这个层面来说，编研虽仅作为一项业务工作命名，但实际上很多档案信息资源开发利用的活动都可纳入档案编研的范围，如档案专题数据库的构建、档案展览策划、档案网站构建等，促使档案编研成果形式边界发生了变化。早在21世纪初，就有学者提出，"计算机专题数据库已成为档案编研的一种新形式（陈凤丽，2000）""展览成为档案编研成果已日趋成熟（李特中与孙明达，2001）""从某种意义上讲，一个档案网站所有网页的结合就是一部编研成品（冯惠玲，2001）"。黄夏基等（2016）在分析信息时代档案编研的"恒"与"变"中提出，"信息时代档案编研工作的实质内容没有改变，但由于编研成果类型多元化和传播复杂化，使档案编研成果的边界发生了变化"。近年来，从"全国经济科技档案资源开发利用优秀案例"中可看出，档案编研工作更多着重在"研"层面，通过对档案中有价值的信息进行挖掘，赋能其他业务，其成果形式并不限制在传统的成果上，而是融入了组织业务层面的构建。国家档案局原局长杨冬权对此进行总结，提出"大编研"的概念（杨冬权，1994；2018）。他指出，"大编研，包括对档案以及档案部门收藏的其他资料的原始文献公布、文献信息报道和文献深层加工这三个开发层次，是对档案部门各种信息资源的全方位和立体式开发，能够更有效地为我国各项事业和国际文化交流服务，它正在成为我国档案编研工作的方向和出路"。由此，档案编研也就具有了更广泛的业务场景。

3.档案数字编研

"档案数字编研"一词源自"档案编研"，是数字技术在档案编研领域的作用表现。目前，只有一篇文献对"数字编研"进行了明确定义。牛力与曾静怡（2022）在《数字编研：一种全新的档案业务模式》中提出，"数字编研是在数字环境下，面向数字用户需求，以数据化、知识化档案数据为主要对象，充分运用数字手段赋能，形成不同形式的数字出版物，实现档案价值创新转换的一种全新业务模式"。但是相关概念已有很多，既包括"数字档案编研""档案数据化编研""档案智能编研""档案数字化编研"等"同义"概念，也包括数字档案资源组织、数字档案资源整合、数字档案资源建设等"同类"概念。对其进行梳理、对比，有助于进一步明确档案数字编研的内涵与外延。

（1）档案数字编研的内涵

档案数字编研相关概念梳理，如表2-1所示。

表 2-1　档案数字编研相关概念梳理

概念	定义/认识	侧重
数字档案编研	1.王良镭（2020）提出，数字档案编研主要反映了数字化环境下档案编研的两种形态：一是在数字化背景下针对实体档案开展的编研工作，二是对数字环境下所产生的电子档案开展的编研工作。 2.由王英玮等编著、中国人民大学出版社出版的《档案管理学》（第5版）第九章（李颖编写）对数字档案编研进行了相对详细的说明。李颖（2021）提出，"数字档案编研，是以数字档案资源为基础，利用先进的信息技术，通过对档案的编与研、整合开发与深层挖掘等，形成便于在数字环境下实现档案价值的不同形式的成果，以供社会各方利用的一项工作"	环境视角 对象视角
档案数据化编研	祁天娇等（2022）提出，档案数据化编研，主要以包括档案数据化编研和归档数据在内的更广范围内的档案资源为对象，关注数据挖掘、数据分析技术在选材、编写上的应用。档案数据化编研是档案思维从"人工思维"到"数据思维"的重大转变，反应在纸质材料、人工编排、手工书写等传统人工状态向档案数据、自动或半自动化编排、机器书写等数据化状态的全面转型	对象视角 工具视角

续表

概念	定义/认识	侧重
档案智能编研	智能编研在各类官方文件中出现较多，如《数字档案馆指南》中提出数字档案管理系统应当能够辅助档案信息智能编研、深度挖掘；《浙江省档案馆"十四五"发展规划纲要》提出要建成人工智能辅助档案编研应用系统。2020年国家档案局优秀科技成果二等奖项目"高校历史照片档案智能编研平台"提出了档案智能编研的部分场景，主要体现在选材与加工上，实现了基于人工智能的历史照片档案智能聚合。具体而言，平台能够在多维度资源聚类的基础上，以人工智能技术为依托，发掘出更多智能化、便捷性的辅助功能，并按照时空维度和内容维度两种组织方式，为历史照片档案资源的编研分别提供基于时空维度、基于主题维度和基于场景维度的智能化编研	工具视角
数字化编研	华林（2021）以南侨机工档案文献为研究对象提出，南侨机工档案文献的数字化编研就是如何开展数字资源建设、如何利用数字技术进行编研，以及如何依托新媒体平台宣传与推送编研成果问题	业务视角
数字编研	牛力与曾静怡（2022）提出，传统编研主要面向模拟态档案编研空间与数字态编研空间，数字编研则聚焦"数据态-知识态-价值态"编研空间。数字编研通过升级档案编研的对象形态、方法形式与服务方式，促进档案工作向新发展阶段跨越。他们将数字编研定义如下：数字编研是在数字环境下，面向数字用户需求，以数据化、知识化档案数据为主要对象，充分运用数字手段赋能，形成不同形式的数字出版物，实现档案价值创新转换的一种全新业务模式	业务视角

其中，"数字档案编研"主要凸显出档案编研工作对象与工作环境的变化。从传统纸质档案转变为数字档案，更多的是在数字环境下开展，形成的是便于在数字环境下进行传播的成果。"档案数据化编研"在应对数据化挑战背景下提出，关注档案编研的数据化转型，体现在对象与工具上。"档案智能编研"尤为强调智能技术在档案编研工作程序的业务赋能，由人工编研为主走向半自动或自动化编研。面向具体对象的"数字化编研"与"数字编研"概念则主要从业务视角进行考虑，关注数字技术在对象、方法、服务方面全方位的应用，以及其在推动档案工作价值实现中发挥的作用。

总体而言，这些概念都可以被认为是对数字技术在档案编研工作中的反映与总结，从不同角度促进了对档案数字编研的认识。但是仍有需要厘清的地方，包括"档案数字编研与传统编研有什么区别""档案数字编研如何下定义""档案数字编研有什么特征"等。在已有概念探讨的基础上，本书对档案数字编研概念进行逻辑推导，以求更好概括数字技术在档案编研工作中的应用，明确本书研究的具体对象。

从句法语义角度考察，数字编研是数字时代典型的名名组合产生的概念，相似概念还有"数字经济""数字社会""数字政府""数字法治""数字出版"等。虽都冠以"数字"，不同概念具体的指称有所区别。例如，数字经济、数字社会、数字法治更多可以理解为一种新的领域形态，数字政府主要是一种新的行政管理形式和政府运行模式，数字出版则强调数字技术的赋能带来的一种新型业务形态。数字编研与数字出版在内容生产上有异曲同工之妙。关于"数字出版"的概念已有20年的探索，但关于数字编研近年来才有所提及。因此，可参考数字出版的概念解析数字编研的概念。这里，笔者主要参考张新新在《数字出版概念述评与新解——数字出版概念20年综述与思考》中对数字出版概念的逻辑解析思路，开展对数字编研概念内涵与外延的界定。张新新（2020）提出数字出版概念的逻辑需要遵循种属逻辑、时间逻辑与本源逻辑。参考这一思路对档案数字编研概念进行解析可以得到以下认识：

其一，档案数字编研与档案编研是种属关系，需要遵循概念的继承性。档案数字编研是档案编研的下位概念，档案编研是属概念，种差需要反映档案数字编研的特有属性与根本特征，档案数字编研的特殊性核心体现在数字技术上。

其二，从时间来看，需要在"恒"与"变"分析中获取档案数字编研与传统档案编研的差别，以充分把握档案数字编研的概念及本质。档案数字编研不仅是更好实现档案编研的一种方法，更是一种新的工作形态。

其三，从本源逻辑看，内涵需要对"档案数字编研是什么"进行明确说明，外延需要对"档案数字编研有哪些"进行拓展说明。

在此基础上，本书提出，档案数字编研可定义为：档案数字编研，是面向数字档案资源，以数字技术开展选题、选材、加工与编写等工作，形成可在数字环境下传播的成果的新型编研。

（2）档案数字编研的外延

围绕上述定义，进一步可对档案数字编研的外延进行探讨，衍生出以下"是与否"的问题：对象是不是一定要是数字档案资源，数字技术是否一定要全过程运用于档案编研的各个环节，成果是否一定是数字形态等。例如，现阶段已经形成的专题数据库、档案专题片、电子书是档案数字编研吗？这些问题有待进一步解决，以更加明确档案数字编研的边界。关于这些问题，目前学界尚无相关讨论。为了后续研究指向更加明确，笔者对本书中档案数字编研的外延进行界定，即本书中所指的档案数字编研与档案开发利用密不可分。从目标而言，是结果导向的，即通过档案数字编研形成的档案编研成果可以数字形态为主，也可以是传统形式；从手段而言，是过程导向的，即档案数字编研是一套方法和工具，用以实现档案工作的目标，以满足社会各方面利用需求。

由此进行延伸，可考察档案数字编研与其他概念之间的关系，以更加明确档案数字编研的概念边界。随着编研走向"大编研"格局，从广义而言，关于数字档案资源的其他活动，包括整合、组织、建设与数字编研有一定同归性，都是为了对档案资源进行开发与利用，促进档案价值实现。对这些概念进行梳理，能更加明确档案数字编研概念的外延。数字档案资源开发利用相关概念及与档案数字编研概念的比较，如表2-2所示。

表 2-2　数字档案开发利用相关概念及与档案数字编研的关系

概念	定义 / 认识	与档案数字编研的关系
数字档案资源整合	数字资源整合是数字资源优化组合的存在状态，是把各个相对独立的数字资源结合为一个新的有机整体（马文峰，2002）。安小米等（2014）认为，数字档案资源整合可从资源有序化视角、资源体系优化视角进行理解。张卫东等（2018）认为，所谓档案资源整合就是指利用一定的方法和技术将分散、异构的档案资源有序地组织起来，形成有效的知识单元或知识集合，以满足用户多元化、知识化和个性化的需求	数字档案资源整合注重资源的有序与体系化，可以认为资源整合是开展档案数字编研的重要基础，能为档案数字编研提供较全面、较有序的素材

续表

概念	定义/认识	与档案数字编研的关系
数字档案资源组织	核心是"知识组织""语义组织"。吕元智（2012）对数字档案资源的"关联"组织进行研究。张卫东等（2021）、翟乐（2021）等在数字人文视角下，探讨了红色档案资源的知识组织。赵雪芹等（2021）、邓君（2021）等分别探讨了非遗档案资源、口述历史档案资源的知识组织。祁天娇与冯惠玲（2021）对档案数据化过程中的语义组织进行了探讨	数字档案资源组织侧重研究知识组织与语义组织，是在内容层面的深化，可以认为是档案数字编研的重要基础，能为档案数字编研加工与编写提供支持
数字档案资源建设	数字档案资源建设是"档案资源观"的体现（冯惠玲，2012）。金波（2013）提出，数字档案资源建设是数字档案馆建设的核心，包括馆藏档案资源建设、数字档案资源库建设和档案信息资源开发利用等方面	数字档案资源建设是一个系统工程，包含档案数字编研

总体而言，其一，无论是资源整合、资源组织还是资源建设，其关注的是信息资源管理领域的不同活动，面向不同的目标，但最终的目的都是档案开发利用。对档案数字编研而言，其直接的目标就是开发利用，因此，整合、组织或是建设都可认为是档案数字编研顺利开展的重要基础或是重要前提，是具体活动的深化。其二，档案数字编研概念主要强调的是，作为业务的编研在传统环境下和数字环境下的不同模式变迁。这不是说档案数字编研是传统档案编研的下一阶段。无论是档案数字编研或是传统档案编研，都是为了做好档案编研工作，实现档案工作目标。

二、叙事、数字叙事与档案叙事

如研究问题所述，叙事作用力对档案编研的影响亦是本书构建档案数字编研模式的一个重要变量。当前档案叙事研究方兴未艾，尚未形成共识，明确本书中档案叙事所指对构建档案数字编研模式有着重要意义。鉴于档案叙事与叙事、数字叙事概念虽密切相关但又有所区分，笔者首先分析叙事与数字叙事概念，在辨析的基础上进而明确对档案叙事的基本认识。

1.叙事

叙事的定义较多，并且一直在发展。"叙事"概念涵盖一个很大的范围，包括符号现象、行为现象以及广义的文化现象（Herman，1999；尚必武，2016）。祝克懿（2007）在总结中外叙事学论著的基础上，分析了叙事的十二种核心意义，并概括为四类：叙事是一种言语行为过程，一种言后之果，一种言语行为过程运用的手段方式，一种认知框架与图式。德国学者莫妮卡·弗鲁德尼克（Monika Fludernik，2009）指出："每种叙事理论都确立了其自身对叙事的定义。"关于叙事究竟是从语义还是语用加以界定或是从其他思路，学者们观点莫衷一是。笔者在此主要立足叙事的两个中心进行归纳总结。

概括而言，经典叙事学将"事件"或"故事"看作是叙事的中心。其中，狭义的叙事强调"被叙"，也就是事件的组织与排列。以杰拉德·普林斯（Gerald Prince）为代表的学者提出，"叙事是对于时间序列中至少两个真实或虚构的事件与状态的讲述，其中任何一个都不预设或包含另一个"（杰拉德·普林斯，2013）。广义的叙事，是故事与话语（表达）的结合，表现为一个故事系统（Halverson，2011）。在这个故事系统中，新的事件顺序意味着相同故事的重新叙述，核心交叉重叠的部分又称主叙事（Primary Narrative），主叙事承载话语。故事和主叙事的区别在于，故事可以来来去去，可以变化，有不同形态，但主叙事仍然存在（Halverson，2011）。本书主要采取广义的叙事定义，即在二分法下从故事与话语两个分支去理解，叙事在故事与话语之上进行定义。

2.数字叙事

数字叙事是将媒介因素考虑在内形成的一个新领域。任何形式的叙事都不能凭空发生，必须通过其发生的载体"媒介"来加以实现。以玛丽—劳尔·瑞安（Marie-Laure Ryan）为代表的数字叙事理论学者，分析了叙事不同时期的媒介及其对叙事的影响（Ryan，2008）。目前，关于数字叙事理论尚未形成严密完整的体系。总体而言，数字叙事可分为四种研究进路。

其中，实用式关注计算机如何传播故事，又称功利主义研究；隐喻式关注计算机程序的设计和运用，又称工具主义研究；扩展主义关注叙事对数字文本分析的作用，又称技术主义研究；传统主义试图建议互动叙事，又称叙事主义研究。数字叙事主要类型包括互动小说、超文本、网络叙事、互动戏剧、含叙事的电子游戏等。

近年来，数字叙事在图书馆、档案馆、博物馆（以下简称图档博）领域也有一定的研究与应用。在图档博整体层面，张斌与李子林（2021）构建了图档博机构"数字叙事驱动型"馆藏利用模型，穆向阳与徐文哲（2022）提出了图档博数字叙事基本理论框架。在具体文化机构层面，童芳（2020）探索了五种类型的博物馆数字叙事，赵雪芹（2022）等构建了数字记忆视角下的档案数字叙事服务模型，朱蓓琳（2021）提出图书馆应引入数字叙事思维引导用户共同创作"历史文化故事"。总体而言，在图档博领域的数字叙事，本质是对数字媒介的应用，以有效讲述档案文献、文物背后的内涵与故事，因此数字故事的创作也是图档博数字叙事的核心。

3.档案叙事

档案叙事是在后现代主义发展下产生的一个重要研究领域。在后现代主义思潮影响下，档案叙事可以从多种角度进行认识，其定义目前尚无统一定论。在理论层面，档案叙事被认为是对档案证据的批判性解读，而不仅仅是对过去的客观和真实的表述（Cook&Schwartz，2002；Decker，2013）。在档案实践中，叙事更多的是作为一种赋能开发的手段应用在档案中，促进档案的活化利用与价值实现。因此，笔者主要从开发利用层面的故事视角对档案叙事进行界定。

早在16世纪，档案就已具有故事取向。娜塔莉·泽蒙·戴维斯（Natalie Zemon Davis）在《档案中的虚构：16世纪法国的赦罪故事及故事的讲述者》（*Fiction in the Archives: Pardon Tales and Their Telles in Sixteenth-century France*）中分析了一种特殊的法律档案——16世纪法国赦罪书，记录了人们如何出于现实的目的（获得赦免）讲故事的历史（Davis，1987）。

21世纪初，叙事出现从文本到实践的倾向，讲故事（Storytelling）兴起，有学者将其称为"第二次叙事转向"（Gubeium&Holstein，2008）。在这一转向下，有学者开始"将叙事视为行动者的社会实践和造义过程，转而以民族志的方法探究叙事情境如何形塑叙事活动"（刘子曦，2018）。在档案领域，尤其是土著档案与社群档案研究方面，讲故事作为知识创造与记忆生产的手段（Legg，2022）得到广泛应用。基于此，故事视角下的档案叙事可以有以下两种认识：

一是将档案纳入叙事，关注档案在叙事中的作用。较为典型的是在文学领域，分析档案如何作为文学叙事的要素发挥作用。例如，安东尼娅·托雷斯·阿圭罗（Antonia Torres Agüero）与马塞拉·鲁伊斯·祖尼加（Marcela Ruiz Zúñiga）（2021）对当代智利后独裁叙事中档案的使用方式进行了识别、描述和比较，并提出档案在叙事中的使用主要有两种方式：一种是引用（quoted），区别于叙事文本；一种是主题化（thematized），通过档案在叙事情节中的衔接，变成一个空间或时间的组成部分，变成一个人物对象或情节的一部分。在历史领域，学者们主要关注档案历史叙事形成，相关研究包括记录媒介变迁下的档案历史叙事（杨光与奕窕，2019）、档案历史记忆的空间叙事（张斌与王露露，2019）等。

二是聚焦档案本身，基于档案去延伸故事边界、讲述故事，并构建叙事。任何档案故事都是基于在特定条件下保存的现有或已有材料的推断（Hamiton at al，2012）。档案讲故事在任何方面都取决于记录的证据和记忆。研究人员使用其收集的记录来了解过去、现在和预测未来。通过档案及其使用，讲故事的周期不断，出现了多个角色和观点，故事的结局不同（Zanish-Belcher，2019）。因此，在这个视角下的档案叙事更倾向前文所提到的广义的叙事，也即故事与话语的结合。

本书所指的档案叙事是以上两种认识的综合，呈现出一种故事化的叙事形态，是一种基于档案的叙事性活动。故事化叙事具有动态性，可能已有"档案故事"，也可能还没有"档案故事"，包含一种创造、重构的过程。这也说明了本书在关键词、检索词拟定时使用"Storytelling"而非

"Narrative"的考虑。

三、模式、档案编研模式与档案数字编研模式

《新华词典》将"模式"释义为"事物的标准样式"。《现代汉语词典（第7版）》将"模式"释义为"某种事物的标准形式或使人可以照着做的标准样式"。在多学科领域中，模式的提法内涵有所差别，包含内容、形式、结果、过程等多种范畴。例如，商业模式主要属于内容范畴，指对企业商业系统如何很好运行的本质描述（原磊，2017）；发展模式主要属于形式范畴，包括发展方向、发展方式与发展方法等方面（付允等，2008；郝志军与徐继存，2003）；人才培养模式主要属于过程范畴，指培养主体为了实现特定的人才培养目标，在一定的教育理念指导和一定的培养制度保障下设计的，由若干要素构成的具有系统性、目的性、中介性、开放性、多样性与可仿效性等特征的，有关人才培养过程的理论模型与操作样式（董泽芳，2012）。

在档案领域，关于模式也有一定使用。如徐拥军在研究企业档案知识管理模式时提出"模式指的是一套标准的问题解决方案，包括该方案的理论依据与实际操作方法"（徐拥军，2007）。刘越男等在探索地方政府数字档案集中管理模式时，将模式定义为"遇到反复出现的问题时所固定使用的解决方案，由多个相互作用、相互关联的要素组成"（刘越男等，2017）。

综合而言，关于模式的用法不仅在不同学科领域各异，在同一领域也有差别。同时，这些用法从本质而言也都是一种方法论考量。查有梁从科学方法论的视角提出，"模式是一种重要的科学操作与科学思维方法。它是为了解决特定的问题，在一定的抽象、简化、假设条件下，再现原型客体的一种科学方法。从实践出发，经概括、归纳、综合，可以提出各种模式，模式一经被证实，即有可能成为理论；可以从理论出发，经类比、演绎、分析，提出各种模式，从而促进实践发展"（查有梁，2001）。

根据研究主题的相关性，本书采用模式作为方法论的用法。档案编研模式是指为实现档案编研业务目标而构建的一套解决方案，既包括理论依据也包括实践方法。档案数字编研模式是指，数字时代档案部门为了实现

特定的编研目标，在三元空间、五态四化、数字叙事等理论指导下，充分利用技术赋能与叙事介入双重作用力，以人机交互为起点，围绕"选题匹配－素材发现－叙事构建－成果呈现"四大业务程序形成的"业务－技术－应用"三位一体解决方案。档案数字编研模式核心要义为"技术编研"与"编研叙事"。值得指出的是，档案数字编研模式不是对传统档案编研模式的简单、线性替代，而是与拓展、创新性并存。

第二节　文献综述

数字（技术）赋能与叙事转向持续介入是学术层面档案编研深化研究的两个重要因素，也是本书构建档案数字编研模式的两个重要切入点。鉴于此，笔者以"数字（技术）＋档案编研""叙事＋档案编研"作为主题词组合，进行文献检索，形成本书的相关文献集合。在主题分析的基础上，笔者首先对技术赋能的档案编研进行综述，进一步对叙事介入的档案编研研究进行综述，获取已有研究基础和存在不足，以明确本书研究空间、研究问题及研究思路。

一、技术赋能的档案编研相关研究

技术赋能是档案编研朝向数字发展的最直接因素。随着数字技术在档案编研领域的研究不断深入，对"档案数字编研"相关概念的探讨随之出现，从不同视角出发对档案编研的数字发展形态进行了总结。

1.相关探讨

学者们主要对以下三个方面内容进行了探讨：

一是关于技术影响下档案编研工作形态与发展的探讨。基于信息时代背景，黄夏基与梁艳（2016）从"恒"与"变"的视角提出，新时代档案编研的"变"体现在主体的合作化、扩大化，选题社会化，选材的多样化，手段数字化，平台的半自动化，成果类型丰富化、传播多样化等方面；"不变"体现在编研成果依旧重"编"轻"示"，经济效益仍旧偏低，并将档案编研概念拓展为"档案部门或他人依据馆藏和社会需求方面。在研究档案内容的基础上，形成的具有一定数量、体例和结构，并含有利用价值的纸质文献、电子文件或数据库"。彭插三（2017）提出，从制度体系、资源体系、过程控制体系三个方面构建档案编研信息化管理体系。李宏伟（2017）、李莉（2017）、郭爱艳（2017）立足档案馆实践，从信息时代档案编研工作面临的契机、挑战出发提出相关策略。伍媛媛（2016）结合中国第一历史档案馆明清档案编研开发实践提出，推进信息时代档案编研工作的数字化、信息化与网络化。基于数据时代背景，程结晶等（2015）利用SWOT分析法对大数据时代档案编研工作的内部优势、劣势与外部机会、威胁因素进行分析，并认为大数据时代档案编研工作应该利用丰富的档案资源与先进的网络技术进行，同时克服自身不足与规避潜在的风险。董思琦与李颖（2020）提出，数据时代档案编研呈现出短篇系列化、编研成果崭露头角、电子编研方式获得多方认可、编研工作与公众的融合度日趋加深等新特点，要求档案编研工作转型"以全新、全民的视角开发符合公众需求的编研成果，利用互联网络和社交媒体，打造编研成果的亲民展示和宣传平台，密切联系社会公众，将高质量的编研成果推向更广泛的受众群体，提升编研成果的利用率，同时接受社会公众的建议和反馈，在互动中提升编研工作水平和工作效率"。祁天娇、王强等（2022）提出，档案数据化编研是指以档案数据化资源和归档数据为对象，基于编研系统或平台，综合运用多种数据组织、分析和挖掘技术，整合开发档案资源，以可视化、可操作、可编辑的新型数据产品进行发布，并与产品用户形成双向互动的循环编研流程，最终满足各类档案资源利用需求的新档案编研工作形式。王强（2022）提出，数字（数据）编研按照一定的模型和规则建立编研系统，通过人机交互的方式开展编研，不仅可以提高编研工作效率，而且可以增强成果的时效性，还可以将传统的编研成果形式转化为专题数据库，满足用户检索、阅读和数据利用等多种需求，是数字时代全新的档案编研模式。

二是关于档案编研技术支撑体系的探讨。吴志杰（2019）提出，要积极应用新技术，构建一体化档案编研平台，具体包括编研模板设计技术、编研选题推荐技术、智能抽取与检索技术、可视化技术等。韩峰等（2019）提出，要建立档案编研专题数据库。华林等（2022）提出，构建档案文献特色库支持电子编研。房小可等（2020）将数字人文理念引入档案编研不同层面，并提出在搜集层面引入布拉德福定律及引文，分析辅助获取档案信息资源，在加工层面引入主题挖掘方法，客观挖掘潜在的子主题；在展示层面通过借助词表、本体、可视化工具，实现编研成果的再加工和可视化展示。孙宝辉等（2022）在构建数字人文视域下的校史档案编研工作路径中提出，在编研选题阶段，可利用信息化技术构建档案馆藏数据库、利用自然语言处理技术与语义分析技术确定特色化选题、利用网络舆情信息采集技术及信息抽取技术跟踪舆情动态；在资源挖掘与整合阶段，可利用文本挖掘技术辅助资源挖掘，利用本体建模、关联数据与GIS技术辅助资源整合；在成果展示阶段，可运用数字孪生技术构建虚拟校史馆，利用可视化技术构建校史档案展示平台。王强（2022）提出"企业应积极探索数据管理、人工智能、数字人文、叙事可视化等技术在档案编研的应用，激发档案编研的活力"。邵澍赟（2022）对当前技术环境下档案编研成果AR出版的场景进行分析，提出其增强现实技术的实践路径。

三是关于技术赋能档案编研应用的探讨。陈荣红（2011）提出，要积极开发网络出版物，既包括有声图书、电子书、专题片、多媒体内容包等，还可以通过光盘制作等方式，向社会发布档案编研成果。曾静怡等（2021）聚焦照片档案编研，提出以利用为导向的照片档案内容解析与存储，基于关联关系的照片档案资源发现与聚合，面向叙事的照片档案编研线索获取与构建，面向展示的照片档案编研成果组织与呈现思路，推动照片档案深入"研"与特色"编"，进而实现档案编研工作创新。房小可等（2021）探讨了LDA主题挖掘在北京香山红色档案编研中的应用，利用主题模型对红色档案编研成果进行细粒度挖掘，通过本体构建体现细粒度关联，实现社会记忆构建,力求实现记忆的映射和更好的呈现,以加强档案资源的开发与利用。胡吉明等(2022)提出,新媒体与档案编研工作的交融催生了新的编研模式——微编研。其中微信公众号以高占比的受众优势成为档案机构开展新媒体编研的重要平台,并对新媒体环境下档案微编研内容结构和变化规律进行了研究。王强(2022)提出多个技术赋能档案编研应用的方向,如开展档案编研成果的数字化工作,建立专门网站,实现"一站式"查询利用,应积极利用微视频等融媒体扩大编研成果的传播,引入AR技术实现展厅现场虚拟与现实的交互展示。

2.相关概念

2019年,中国人民大学张斌教授在其学术报告《数字环境下我国档案工作面临的挑战及对档案学的影响》中提出,要转变思路,调整业务管理对象与方法,重视数字编研、文献保护技术研究(吕文婷,2023)。从公开文献来看,这是"数字编研"一词首次被明确提出(作为一种技术方法备受关注),但此后没有进行再多的概念阐释与学术探讨。"数字档案编研""档案数字化编研""档案数据化编研""档案智能编研"都可视为档案数字编研概念的前身与探索,但其侧重点有所差别。其中,"数字档案编研"分为"在数字化背景下针对实体档案开展的编研工作"与"对数字环境下所产生的电子档案开展的编研工作"两种类型(王良镭,2020)。"档案数字化编研"主要关注如何开展数字资源建设、如何利用数字技术进行编研,以及如何依托新媒体平台宣传与推送编研成果问题(华林,2021)。"档案数据化编研"是以包括档案数据化编研和归档数据在内的更广范围内的档案资源为对象,关注数据挖掘、数据分析技术在选材、编写上的应用(祁天娇等,2021)。"档案智能编研"尤为强调智能技术在档案编研工作程序的业务赋能,以人工编研为主走向半自动或自动化编研(张斌等,2021)。值得指出的是,关于"数字编研"的界定目前也有一定探索,牛力与曾静怡(2022)提出数字编研的定义,即"数字编研是在数字环境下,面向数字用户需求,以数据化、知识化档案数据为主要对象,充分运用数字手段赋能,形成不同形式的数字出版物，实现档案价值创新转换的一种全新业务模式"。

学者们进一步对部分概念的具体逻辑与技术框架进行了探讨。例如，祁天娇等（2022）提出，档案数据化编研的新逻辑是以数据驱动的知识生产与传播逻辑为根基的，遵循多样化、多维化、开放化、动态化的原则；档案数据化编研流程包括制定任务、设计模板、编制数据规范、择定数据范围、数据检索与调用、数据清洗与组织、模板调用、数据转换、数据校对、总纂、审核、成果发布等基本环节；档案数据化编研系统功能参考模型包括调用、组织、输出、规则管理、系统管理、数据流管理和工作流管理七大基本模块。牛力与曾静怡（2022）提出，三位一体技术框架的数字编研顶层设计包括基于专题知识库的档案数据存储、基于知识图谱的数据多维度研编、面向叙事可视化的编研成果呈现。其中，档案数据化编研在"大庆油田组织机构沿革编纂查询系统"已有一定应用，基于专题知识库实现了档案知识服务、基于开放成果发布实现了档案数据共享、基于人机互动实现了档案工作降本增效（祁天娇等，2022）。同时数字编研在面向文化类数据与科技类数据时也有一定探索，如面向思政教育的吴宝康思政知识库的构建、面向高校文化建设的安徽大学数字记忆网建设、面向知识服务的科技档案细粒度组织等（牛力与曾静怡，2022）。

二、叙事介入的档案编研相关研究

叙事介入主要是在方法层面对档案编研的内容组织与成果呈现产生影响。目前直接探讨叙事在档案编研中应用的文章较少，曾静怡等（2021）在《照片档案创新编研思路探析》中提出，在"研"层面，需要通过对内容脉络进行分析，获取故事性、记忆性线索，形成叙事主线（框架），提供照片档案编研成果的故事化采编依据。为更全面、精准了解当前叙事在档案领域的应用方向与应用要点，笔者向上拓宽了档案编研的范围，综述发现叙事在档案开发利用中主要表现出以下两个方面的研究倾向：

其一，在内容开发阶段愈发注重叙事手段的加入。周林兴与崔云萍（2021）从叙事主体、叙事客体、叙事过程三个角度提出，将叙事应用在档案主题展览、档案文化讲座、档案宣传视频、档案内容推送等档案文化传播途径中。龙家庆（2020）提出，将叙事结构组织、时空还原、视角切换、数字体验等表达手段用于档案宣传中，来挖掘档案潜在价值。宋鑫娜（2019）提出，叙事贯穿展览大纲、展览脚本、形式设计和展览讲解工作的全过程。苏君华与宋帆帆（2022）提出，参与式传播融合故事化的传播内容，赋予编研成果灵性，促进档案编研成果传播。闫静与章伟婷（2022）提出，引入叙事理论，讲好侨批故事，增强华侨身份认同。赵雪芹等（2022）构建了包括档案资源层、叙事创作层、用户服务层、反馈评价层四个部分在内的档案数字叙事服务系统模型，其中叙事创作层的主要功能在于为用户和作者提供叙事模板与数字叙事的结构模式，便于其进行知识创作，以及在专家的帮助下完成叙事过程和资源编排。泽夫·巴塔德（Zev Battad）与梅·斯（Mei Si）提出，通过讲故事（Storytelling）来实现档案数据的定位和利用，开发可以从主题关系信息网络中自动生成叙事的系统，对使用多个交织故事情节的技术进行了研究，并利用此系统实现基于知识图谱技术的新知识发现（Si，2015，2016；Battad&Si，2016；Battad et al，2019）。杨靖与余心怡（2022）提出，数字叙事方式对档案微视频的影响，使得档案微视频呈现出叙事客体数字化、叙事主体多元化、叙事媒介多模态、叙事体验沉浸化等特点。在管先海与李兴利（2023）整理的"档案专题沙龙微信群"跟帖发言中，孙大东提出，《档案》栏目强大生命力的来源之一，是其在保证节目内容具有吸引力的同时，重视对节目叙事表达的创新"。

其二，在成果呈现阶段以可视化叙事为实现目标。谢玉雪（2020）将可视化叙事手段应用在数字档案资源服务中，提出数字档案资源可视化叙事服务模式，该模式要求档案机构在用户导向理念下，实现数字档案资源形式的可视化、资源内容的叙事性。牛力等（2021）提出，以故事陈述为基础的档案知识服务，将经过多维组织的档案数据梳理成册并映射至多元可视化空间，以主题故事的形式对档案数据中蕴含的记忆进行叙事化表征。龙家庆与牟胜男（2020）探索了跨媒介叙事融入档案公众教育的动力与推广策略，提出基于档案教育产品的构建路径，可通过档案网站、档案展览、档案游戏、微电影、文创产品等形式实现。安德鲁·戴维森（Andrew Davidson）与彼得·里德（Peter H. Reid）（2021）提出，构建一个影像网站，该网站既可以容纳与苏格兰弗雷泽堡镇相关的移动图像存档，也可以包括其他数字文物，以支持和增强包含在电影中的叙事成分。

三、总体评价

综上可见，无论是技术赋能的档案编研研究，还是叙事介入的档案编研研究都已取得一些成果，为本书研究提供了一定的基础。但同时，也存在需进一步探讨的问题。

1.技术赋能与叙事介入对档案编研的影响尚缺科学概括

已有关于"数字档案编研""档案数字化编研""档案数据化编研""档案智能编研""数字编研"相关概念的探讨，主要是在技术赋能背景下进行的，除"数字编研"外，较少体现叙事介入的影响。作为一项内容输出型工作，叙事的介入对档案内容组织与成果呈现有一定影响，并逐渐发展成为推动档案编研研究深化的一个重要力量。随着实践应用持续深化，档案编研边界不断拓展、内涵更为深入，当前在概念层面尚未能对这些变化进行很好的概括，指导实际工作转型升级效果有限，从学术发展规律而言亟须开展综合性研究。这也是本书的研究缘起与研究目标。

2.技术赋能与叙事介入之于档案编研的作用路径还不清晰

关于技术、叙事在档案编研中的应用探讨已有较多，但主要是探索技术或叙事手段如何在档案编研中应用，几乎未涉及三者可融合的内在逻辑或机理的分析，且主要从方向性、策略性的角度提出可以怎么做，缺乏实际作用点与作用路径的探讨。以上问题有待进一步研究并解决，这也是本书研究的重点内容之一。

3.档案数字编研的总体逻辑、理论与方法还有待系统构建

从方法论的角度而言，档案数字编研研究总体处于酝酿与孵化阶段，

还未成型，无论是总体逻辑、理论依据与操作方法都有待具体进行构建。这也是本书的核心内容。

本章首先对数字编研、档案叙事、档案数字编研模式等核心概念进行了界定，确定了本书的研究边界。其次，在文献检索的基础上，从技术赋能的档案编研相关研究、叙事介入的档案编研相关研究两个方面对文献进行综述，了解已有研究的基础，发现技术与叙事在档案编研中已有一定应用，虽然体现在档案数字编研相关概念的探讨较多、将叙事主要作为目标或手段应用于档案编研等方面，但是也存在"技术赋能与叙事介入对档案编研的影响尚缺科学概括，技术赋能与叙事介入之于档案编研的作用路径还不清晰，档案数字编研的总体逻辑、理论与方法还有待系统构建"等不足，这些为本书提供了一定的研究空间。

档案数字编研模式的提出

当前，档案编研虽然在技术赋能与叙事介入下产生了一些新型成果，变得更具活力与生机，但是从长远发展而言仍面临一些困境。一方面，传统档案编研工作面临数字化转型，而转型的路径不明；另一方面，档案编研工作呈现出新的发展趋势，而未来的方向不明。为走出上述困境，本书提出档案数字编研模式。

第一节　档案编研工作现状

作为档案馆的一项重要业务性工作，档案编研一直是档案馆业务评价的一个重要指标。档案编研工作遵循"选题-选材-加工与编写"的程序开展，已经形成较为成熟的模式，档案编研成果稳定输出，新型成果开始产生。了解档案编研工作的现状，能够总览其在实践中已有的探索，以及发现其在实践中存在的空间。在对学术文献资源进行检索整理的基础上，2022年5月至7月，笔者针对部分有代表性的档案部门进行调研。

鉴于档案编研作为业务性工作有一定的中国特色，且本书主要立足中国国情提出档案编研工作创新的路径，笔者主要对国内各级各类档案馆进行调研。为保证样本对象的代表性和层次性，笔者选取了河南省档案馆、山东省档案馆、四川省档案馆、成都市档案馆、北京市档案馆、杭州市档案馆、苏州市档案馆、海淀区档案馆、中国石油档案馆与苏州中国丝绸档案馆进行调研。其中既有副省级以上综合档案馆、地市综合档案馆、区级档案馆，也有企业档案馆和专门档案馆。调研机构信息总览见表3-1。

表 3-1　调研机构信息总览

机构代码	机构名称	机构性质	所在地区
A	河南省档案馆	副省级以上综合档案馆	河南郑州
B	山东省档案馆	副省级以上综合档案馆	山东济南
C	四川省档案馆	副省级以上综合档案馆	四川成都
D	成都市档案馆	副省级以上综合档案馆	四川成都
E	北京市档案馆	副省级以上综合档案馆	北京
F	杭州市档案馆	副省级以上综合档案馆	浙江杭州
G	苏州市档案馆	市级综合档案馆	江苏苏州
H	海淀区档案馆	区级综合档案馆	北京
I	中国石油档案馆	企业档案馆	北京
J	苏州中国丝绸档案馆	专门档案馆	江苏苏州

　　笔者对北京市档案馆、海淀区档案馆、苏州中国丝绸档案馆开展了实地调研，其他以电话访谈与问卷填写形式开展。调研采取开放式的用户意见获取方式。因成都市档案馆、中国石油档案馆在编研工作方面有一些创新举措，故对其单独设置访谈提纲。访谈题目既有关于档案编研的基本工作开展情况调查，也有关于技术赋能与叙事介入在实际工作中的影响调查。总体而言，当前档案编研工作呈现两个特点：一是基础业务正常开展，传统编研成果稳定输出；二是技术促进业务创新，新型编研成果开始产生。

一、基础业务正常开展，传统编研成果稳定输出

　　近年来，国内档案编研工作取得了丰硕成果，尤其是在国家重要时间节点上，发挥了重要的服务与支撑作用，充分展现出档案部门工作人员的责任与担当。从全国层面来看，近三年来档案编研成果输出数目相对稳定（数据来源：国家档案局政策与法规研究司）。2019年，全国各级综合档案馆编研档案资料，公开出版705种，内部参考1355种。2020年，全国各级综合档案馆编研档案资料，公开出版780种，内部参考1328种。2021年，全国各级综合档案馆公开出版编研资料864种，内部参考1541种。从各馆实际看，调研发现，河南省档案馆、山东省档案馆、四川省档案馆、成都市档案馆、杭州市档案馆、苏州市档案馆、中国石油档案馆与苏州中国丝绸档案馆近五年产出编研成果较多。其中，山东省档案馆编辑出版14种82册编研成果，待出版5种14册；苏州市档案馆公开出版书籍26种，共计1518万字。

在内容层面，各级各类档案馆在依托馆藏的基础上，结合国家重要时间节点或地方文化建设需求开展，形成独具特色的编研成果。其中，杭州市档案馆、苏州中国丝绸档案馆、成都市档案馆分别各有其典型之处。

1. 支撑记忆工程建设：以杭州市档案馆为例

支撑记忆工程建设一直是杭州市档案编研工作开展的重要方向。2011年，杭州市档案局正式启动"城市记忆工程"。"十三五"期间，杭州市档案局、杭州市档案馆全面深化"杭州记忆"工程，编研出版《杭州历史上的外国人》《杭城忆昔——档案里的杭州故事》《杭州记忆》《西湖风情画》等书籍。其中，《杭州记忆》将杭州历史上发生的重大事件作为线索，采用图文结合的形式，宣传杭州悠久的历史文化（留晞，2021）。

2. 传承丝绸技艺文化：以苏州中国丝绸档案馆为例

传承丝绸技艺文化是苏州丝绸档案编研工作开展的应有之义。苏州丝绸档案于2017年入选《世界记忆名录》，为讲好丝绸档案故事，扩大苏州丝绸档案文献遗产的宣传，传承丝绸文化，苏州市工商档案管理中心、苏州中国丝绸档案馆在编研层面开展了许多探索，如出版《近现代中国苏州丝绸档案画册》《我是档案迷》系列丛书，举行"锦绣江南 古韵今辉——近现代中国苏州丝绸档案展"等。

3.资政参考专刊：以成都市档案馆为例

成都市档案馆把资政参考专刊报送工作作为重要的专题工作研究，在全馆氛围内形成了"大编研"的格局。牵头处室每周会面向全馆发布本地一周新闻汇，通过对国内、本地等方面的细致梳理，提高全馆结合中心工作进行资政参考撰写的时政敏锐性。资政参考专刊旨在用高度概括的方式梳理和提炼档案内容，呈现出对社会治理有借鉴和启发的信息。

4.受众年轻化：以苏州中国丝绸档案馆与成都市档案馆为例

受众年轻化是近年来档案编研工作内容的一个重要方向。工作比较典型的是苏州中国丝绸档案馆和成都市档案馆。苏州中国丝绸档案馆针对青少年设计了系列丛书"我是档案迷"，包括《中国的世界记忆》《丝绸之路与苏州丝绸文化》《苏州丝绸的前世今生》《<红楼梦>里的苏州丝绸记忆》《方叔叔教你做成长档案》《档案伴我成长》。该丛书是国内首套面向青少年的档案类图书。成都市档案馆出版《跟"档"寻踪 打卡成都》，该书紧密结合成都市"三城三都"建设，从成都建设世界文创名城、世界旅游名城、世界赛事名城、国际美食之都、国际音乐之都、国际会展之都的三年行动计划（2018—2020年）数百个项目中，精选出成都全域范围内与青少年生活、学习及兴趣发展密切相关的31个项目，经过近两年的项目探访和田野调查，密切结合馆藏，用档案解读项目及背后的故事，希望让更多的青少年了解成都，并发自内心热爱成都。

二、技术促进业务创新，新型编研成果开始产生

随着数字技术的赋能与叙事转向的介入，近年来档案编研业务开始产生一些新型编研成果，在形式与内容层面都实现了一定程度的创新。

在形式层面，编研成果突破了主流传统书籍形式，拓展到视频、网站、专题数据库等多种形式，同时其传播渠道也发生了相应变化。例如，台州市档案馆开展的台州数字记忆项目，形成了《记忆高迁》视频编研成果，在浙江省2021年度83项编研作品中脱颖而出，荣获一等奖。

在内容层面，编研成果不倾向于大型、全面与完整，更倾向于短小、精悍。例如，《成都档案》（成都市档案馆的官方公众号）从2016年起连载发布很多内容短小精的系列文章，还基于系列文章精选整合出版《微"档"成都》书籍。这些文章基于馆藏档案，挖掘不同的主题，以图文形式进行组织与呈现。成都市档案馆编研成果《跟"档"寻踪，打卡成都》在这方面做了一定探索，该书在专题故事中嵌入相关专题档案的原件，探索出一种新的编研样态。国家档案局原局长杨冬权（2021）评价："档案在书中不仅起到了活化故事、点化故事、深化故事的作用，还与故事相互映照、互相衬托、互相彰显，进而让档案'活'起来，'亮'起来。"

此外，还出现了技术赋能档案编研过程的实践探索，如中国石油档案馆开展档案数据化编研尝试，构建"大庆油田组织结构沿革编纂查询系统"。首先，基于《大庆油田组织机构沿革》（1960—2004年），形成编研模板库基础；其次，探讨组织机构沿革的行文规律，形成数据规范，"根据数据规范采集组织机构沿革与人事任命相关数据并集中存储，可以根据用户需求以单位、人员、职务等为主题形成不同数据集，并以时间轴、人事履历图谱等可视化展示"（祁天娇等，2022）。成都市档案馆探索了红色档案编研专题数据库的构建，该数据库依据编研项目专题分类建立，可完整反映出编研项目从选题确立、素材收集、全文数据分析、鉴定审核到编研成果呈现的全过程（佚名，2021）。

第二节　档案编研工作发展需求与时代使命

总体而言，档案编研工作还是稳中有新。然而，数字时代档案编研工作面临来自档案信息化转型、档案编研研究深化、档案编研工作价值发挥等多个层面的发展需求和困境，亟须"破题"与"创新"。只有了解和分析当前发展的需求与困境，才能在数字时代中找到档案编研工作的变革之径。

一、档案信息化战略转型要求档案编研数字化转型

新修订的《中华人民共和国档案法》增设"档案信息化建设"专章，提出"档案馆和机关、团体、企业事业单位以及其他组织应当加强档案信息化建设，并采取措施保障档案信息安全"。《"十四五"全国档案事业发展规划》明确提出，要"全面推进档案治理体系和档案资源体系、档案利用体系、档案安全体系建设，深化档案信息化战略转型""档案信息化建设进一步融入数字中国建设，新一代信息技术在档案工作中的应用更为广泛，信息化与档案事业各项工作深度融合，档案管理数字化、智能化水平得到提升，档案工作基本实现数字转型"。档案信息化战略转型已经势在必行，各级各类档案部门也在紧锣密鼓地探索之中。这对数字技术在档案编研领域的应用以及档案编研的数字转型提出了新的要求。作为档案工作的重要组成部分，档案编研不仅应积极融入档案工作整体信息化战略转型的格局中，也应着力推进自身的数字化转型，以更适应数字时代档案工作需要。

目前，关于档案编研工作数字化转型已有一些初步的探讨，研究层面集中在探讨新兴技术在档案编研中的应用点与应用场景，实践层面多是将档案编研作为数字档案馆建设的一个功能实现。但是，总体而言，目前关于档案编研工作的数字化转型应该如何开展、如何实现，学界和业界尚未有一个明确的框架或路径。

二、技术赋能与叙事介入成为档案编研研究新议题

近年来，档案编研也出现了一些新的议题，包括数字技术不断赋能、叙事转向持续介入，促进了档案编研工作的创新。但是，从长远看来，无论是技术还是叙事在档案编研领域的应用，对档案编研工作的优化都有限。于技术而言，目前关于数字技术的全面赋能仍缺乏系统、清晰的路径，纯粹技术的研究容易走进唯技术主义的怪圈，不利于业务层面与应用层面的进一步深化与拓展。于叙事而言，目前叙事在档案编研中应用同样缺乏较

为清晰的方法，很多情况下叙事更多的是作为目标而不是方法应用在档案编研中，未能充分发挥叙事的价值。总而言之，技术与叙事单点作用仍不明不准，更无从谈两者双重作用力的发挥，对档案部门工作转型、编研工作创新开展造成较大的阻碍。

同时，值得一提的是，在调研过程中笔者发现，无论是数字技术赋能还是叙事转向介入，都只是在外围的一些使用，或是在某些项目上的单次使用，未形成一套系统的工作方法，没有对档案编研工作模式产生实质影响。技术方面，国家档案局办公室2010年发布的《数字档案馆建设指南》提出，数字档案管理系统应当能够辅助档案信息智能编研、深度挖掘。然而，从已建好的数字档案管理系统来看，这一功能设置较为简单，应用性不强，对档案编研工作质量提升不多。叙事方面，目前在档案编研中的应用主要强调的是叙事手段的应用，且主要集中在理论层面，实践层面叙事更多的是一种文学层面的组织，与具体编研的形式、目标是脱节的，未能有效发挥编研对各类工作的支撑作用。

从学术发展的规律而言，传统编研理论的变革已经势在必行，数字时代档案编研理论的发展备受期待。其中，技术与叙事如何发挥作用成为学界需要解决的问题。

三、贯彻落实"两个服务"成为档案编研工作新使命

2021年7月，习近平总书记对档案工作作出重要批示，特别强调要把蕴含党的初心使命的红色档案保管好、利用好，把新时代党领导人民推进实现中华民族伟大复兴的奋斗历史记录好、留存好，更好地服务党和国家工作大局、服务人民群众。国家档案局局长陆国强（2021）提出，这"四个好"与"两个服务"，进一步明确了档案工作的目标任务和价值所在。为贯彻落实"四个好"与"两个服务"，各级各类档案部门都在寻找围绕中心服务大局的结合点和着力点，其中，档案编研是一个重要的部分。例如，杭州市档案馆编研工作的思路明确为紧紧围绕中心大局，落实档案工作"四个好""两个服务"目标任务。按照杭州市档案事业"十四五"规划，杭州

要实施"档鉴古今"文化精品工程，重点围绕红色档案资源、宋韵文化传承、钱塘江诗路中的档案元素、杭州工商业遗产档案研究、杭州历史建筑、古村落建档保护，全面记录和展示以西湖、大运河、良渚古城遗址三大世界文化遗产为名片的杭州历史文化精髓（基于笔者于2022年5月至7月通过问卷调查所获数据）。

虽然档案编研工作作为档案业务工作的重要组成部分，已经形成了较为成熟的模式，但在工作过程中仍面临一些掣肘。例如，邓东燕、姚伦（2018）结合江西省档案馆编研工作实践指出，编研资源缺乏、编研深度和广度都不够，缺乏长远规划，缺乏人才和资金的保障，公示宣传不够等问题。祁天娇、王强等（2022）提出，传统档案编研在选材对象、加工对象和成果发布等方面存在困境，耗费大量的人力、物力和财力，传播和利用范围有限。苏君华与宋帆帆（2022）指出，档案编研成果传播缺乏社会力量的参与，呈现主体小众化、内容浅层次、渠道单一化等问题。长期以来档案编研面临比较多的掣肘，陷入较为显著的"困境"，主要有以下两个方面。一是较为依赖人的主观能动性。档案编研非常强调人的主观能动性的发挥。档案编研工作的首要内容是熟悉档案馆（室）藏档案资源构成，研究档案馆（室）藏档案资源内容。在具体档案编研工作开展过程中，无论是选材还是组织，都对编研工作者有较多的要求。选材方面，判断哪些档案是相关的，能找到多少素材，很多时候依赖编研人员的能力，即对主题进行架构和对线索进行拓展的能力。目前大部分的档案都能在系统里找到数字化副本，但是仅根据题名或是简单元数据的检索并不能找到、找全、找准所有的相关档案，需要编研工作者花费很多时间去了解馆藏内容，因此编研成果的时效、质量参差不齐。二是编研成果受众小、内容相对滞后。成果受众小一直是档案编研成果传播面临的主要问题。虽然档案编研成果可以公开出版发行，但是数量极少。受政策与环境的双重影响，这些公开出版书籍大部分无法进入市场流通环节，无法作为"商品"售卖，只能通过赠阅、书展、进入社区等形式实现传播，受众较少。同时，不管是内部参考还是公开出版，受制于传统手段，档案编研成果很难及时、精准地满足当下需要，其内容与当下时代需求贴合性较差。

因此，对各级各类档案部门而言，传统档案编研已不能很好地实现工作目标。无论是从成果输出效率、还是成果内容质量而言，为了更好地做好"两个服务"，亟须开展档案编研转型创新探索。

第三节　档案编研转型的基本趋势：档案数字编研

从概念的产生，到实践的探索与应用，档案数字编研已经成为档案工作转型的基本趋势。

一、档案数字编研概念开始出现

数字编研已然成为数字时代档案编研理论研究的热点，近年来出现学术层面"研究热"。

首先，在应用数字技术后，档案数字编研相关概念产生。广义而言，数字编研可以理解为数字技术在档案编研领域的应用中出现的一种新的工作形态，是一个集合性的概念。已有研究提出的"数字档案编研""档案数据化编研""档案智能编研""档案数字编研"等都可视为数字编研概念的前身或分支。

其次，围绕新概念，学者们初步探讨了数字编研的实现。例如，祁天娇等（2022）提出，档案数据化编研系统功能参考模型。牛力与曾静怡（2022）提出，基于三位一体技术框架的数字编研顶层设计，包括基于专题知识库的档案数据存储、基于知识图谱的数据多维度研编、面向叙事可视化的编研成果呈现。其中，档案数据化编研在"大庆油田组织机构沿革编纂查询系统"已有一定应用，基于专题知识库实现了档案知识服务，基于开放成果发布实现了档案数据共享，基于人机互动实现了档案工作降本增效（祁天娇等，2022）。另外，也有学者对当前档案数字编研的一些现象和特征进行总结。例如，董思琦与李颖（2020）提出，数据时代短篇系列化编研成果逐渐成为编研工作的"新秀"。任越提出，档案编研由信息内容展示向完整故事描述转型、由大部头制作向小片段转型等（相关观点来自2022年5月20日黑龙江大学任越教授在苏州档案学会青年档案讲堂暨东吴档案论坛上所作的主题报告《论数据时代我国档案文献编纂工作的样态》）。

二、档案数字编研实践开始探索

实践层面，档案数字编研已有一些初步的实践探索。业务层面，关于档案数字编研的实践主要体现在成果传递层面，以线上展览和编研成果的数字呈现为主。记忆工程与数字人文是近年来档案数字编研理念快速孵化与成长的两大实践领域。其中，记忆工程领域主要是内容层面对档案记忆属性的发挥，对记忆性的档案资源进行专题性组织，输出了很多经典项目。数字人文领域则更多的是强调数字技术的赋能，在将档案定位为"汇集"的认识下，开展档案汇集的数字活化，尤其是在可视化方面成果突出。

在档案业务层面，档案馆网站与微信公众号的建立在一定程度上体现出档案数字编研的思路。例如，成都市档案馆基于"成都档案"微信公众号原创信息进行汇编，探索短图文形式的数字编研应用；台州市档案馆与中国人民大学信息资源管理学院合作开展"台州古村落数字记忆"建设项目，推出"记·忆高迁"专题网站与数字档案资源库成果，组织"高迁数字记忆"展览，拍摄微电影《天上北斗·人间高迁》（该视频获浙江省2021年度优秀档案编研成果一等奖）。

在记忆工程层面，档案数字编研理念主要体现在数据库与专题网站的建设上。例如，北京老照片档案时光机将GIS技术与北京老照片档案相结合，通过高德地图API接口，利用地图中地理位置的映射展示老北京不同时期、不同专题的照片档案并辅以文字材料说明，从纵横（时间轴与瀑布流）两个方向对档案资源进行组织与优化，构建出一种新型的、极富视觉冲击效果的呈现形式（刘力超等，2017）。"台州古村落"数字记忆项目以专题为中心，提供村落丰富完整的叙事脉络和内容体系，设计出多样的数字产品，包括家谱可视化、3D建模、全景漫游、动画制作等（冯惠玲等，2019）。俄亥俄州记忆网将资源进行主题分类，同时提供资源贡献者、地点、时间、学科等元数据，提供了数字资源的"一站式"汇集与多维度组织。

在数字人文层面，随着数字人文理念与方法在档案领域应用的深入，有一些档案编纂类的数字人文项目产生，运用了一些数字人文的方法与工具，可以将其看作是档案数字编研技术的一些探索。例如，中国历代人物传记数据库（China Biographical Database, CBDB）不仅可以作为人物资料的参考，而且可以作为一套可供批量分析的数据来使用，可通过描述基本实体的表格、描述基本实体之间关系的表格和描述实体之间关系类型的表格来呈现实体与实体后面的丰富数据（徐力恒，2017；傅君劢，2022）。欧洲时光机（https://www.timemachine.en/）是基于"威尼斯时光机"的拓展与升级，该项目体现了数字人文工具的选用与构建逻辑，重点考虑将大数据、人工智能、VR/AR、3D/4D等纳入平台开发，在对档案数据加工时使用了档案文本海量化收集、档案数据透视化扫描、识读内容细粒度关联、档案数据分布式存储、历史场景可视化呈现等技术。宋元学案知识图谱系统（https://syxa.pkudh.org/）对240万字的《宋元学案》进行了文本处理和分析，将学案中的人物、时间、地点、著作以及它们之间的复杂语义关系提取出来，构造成知识图谱，提供可视化展现、交互式浏览、语义化查询等功能。

此外，笔者在网络调研中还发现，有条件的档案馆已经开始探索技术层面档案数字编研的应用，如《浙江省档案馆"十四五"发展规划纲要》将"建成人工智能辅助档案编研应用系统"作为"十四五"时期档案科技创新主要项目，强调加快突破人工智能在档案文献编研中的应用，推进实现档案编研"中央厨房化"。

三、数字技术赋能开始受到关注

在档案编研工作层面，编研工作者已经有意识、倾向使用数字技术开展档案数字编研，这对档案编研走向数字编研具有重要的导向性作用。在前期调研中，笔者通过设置"数字技术快速发展的情况下，您对档案编研技术方法有什么期望？希望快速形成资源汇集、快速发现资源脉络、进行智能汇编吗？""您认为，档案编研工作未来的发展趋势是什么？"两道访谈题目，以了解档案编研工作者对数字编研的态度。通过对访谈的结果进行统计与分析，笔者发现，当前档案编研工作者基本上对数字技术有所期待，以开放的心态拥抱数字技术在档案编研中的应用，并希望数字技术能够被有效应用，促进档案编研工作效率与质量的提升。

相关反馈包括：

"档案编研工作未来的发展肯定要充分运用信息技术。档案部门可以借鉴欧洲时光机等项目的建设经验，建设智慧档案馆，对数字化档案持续进行数据化；运用大数据、人工智能技术，对档案数据进行深度识别、关联性挖掘和自主式推送，能够实现快速形成资源汇集、快速发现资源脉络、快速进行智能编排甚至形成研究成果，实现档案智慧开发利用、档案文化供给的蝶变升级。"（B）

"数字人文技术在档案编研工作中得到进一步应用，形成以人工智能编研为主的新型编研模式，其能够配合编研人员，提高资源汇集、知识关联、知识组织等效率，提升编研内容的深度。"（A）

"期待能通过技术手段，加快提高识别手写体的辨识度，对繁体字及异体字进行相关的分类注释，最好能开发出相关软件，将关键词补充到相关档案的背景内容里，来降低阅读难度。"（D）

"在古文校对中，一些不规范的草书字体的识别还是有困难的，希望修图软件和文字识别软件的应用能更加普及，通过对智能工具的应用，辅助查考、编辑。"（G）

"新技术赋予档案编研新的内涵和生命力，数字人文、知识管理、数据科学等新理论和方法更是为档案编研的创新发展提供了新的视角和动能，档案编研呈现了编研主体多元化、编研方式智能化、编研成果数字化的发展趋势。"（I）

第四节　走向档案数字编研："档案数字编研模式"的提出

档案数字编研作为档案编研未来的基本趋势，仍处于起步阶段。从档案编研工作的发展需求与面临的挑战来看，数字编研是一个方向，但具体如何实现档案数字编研仍需要根据实际情况进行详细构建，亟须厘清档案数字编研的总体逻辑、理论依据与操作方法。鉴于此，笔者提出构建"档案数字编研"模式，旨在为档案数字编研的实现提供一套解决方案，搭建理论联系实践的桥梁。档案数字编研模式由理论构建、方法构建、技术构建、应用构建多个部分组成，在后续章节中将具体说明。

考虑到前述档案编研工作面临的发展需求与面临的挑战是多个层面的，既有实践诉求，也有学术诉求；既有内部发展需求，又有外界倒逼需求。因此，本节首先对本书所提"档案数字编研模式"的主要目标、逻辑理路与构建思路进行说明，以明确"档案数字编研模式"的总体内容与基本思路。

一、主要目标：转型、提升与服务

档案数字编研模式提出的主要目的在于面向档案工作数字化转型，有效发挥技术与叙事双重作用，推动档案编研从传统到数字进阶，明确档案数字编研的"可为"与"可能"，以充分发挥档案编研支撑作用，应对档案编研工作的发展需求与挑战。以上目标可概括为转型、提升与服务三个子目标。

其中，转型与提升，指向档案编研工作业务，旨在利用技术赋能与叙事介入实现档案编研业务能力的升级，通过数字编研推动档案编研工作的数字化转型；服务，指向档案编研对其他领域工作的支撑能力，旨在通过数字编研拓展档案工作服务面与服务范围。

二、逻辑理路：守正拓新与融合发展

档案数字编研模式的构建需要把握两个逻辑理路：守正拓新与融合发展。

首先，档案数字编研模式并非脱离传统编研模式的"空中楼阁"，而是在守正基础上进行的拓新。档案编研工作作为一项档案工作的重要组成部分，其主要目标在于服务，即满足社会多样利用需求。因此，无论是档案数字编研还是传统档案编研，其总体的业务愿景是不变的，都是档案编研业务。可以说，档案数字编研较于档案编研只是能够更好地实现档案编研工作的目标。同时，从编研工作的性质而言，其基本的程序"选题−选材−加工与编写−出版与发行"也是大体不变的。无论是技术赋能还是叙事介入，都是通过外力进行加持与影响，丰富与拓展了档案编研的"数字"工作场域，不对其基本的业务程序造成过多影响。这从既往的研究也可看出，如黄夏基、梁艳（2016）从档案编研的主体、客体、行为和成果分析信息时代档案编研的"恒"与"变"。管先海等学者提出，档案编研的最基本问题包括"为谁编研"（管先海等，2018）"编研什么"（管先海等，2019）"谁来编研（管先海等，2019）""怎么编研（范玉春等，2019）"四个，并基于对这些问题的认识与思考，提出推进档案编研工作开展的策略与建议。

其次，档案数字编研模式并非只是传统档案编研模式在数字空间的简单补充和延伸，而是形成了一种新的内在逻辑，其核心变化在于工作模式的转变，表现为从指导理论到具体操作方法的全方位改变。过去档案编研工作主要在档案价值论指导下开展。档案价值是档案这一客体对从事社会实践活动的主体所具有的凭证和参考意义（张斌，2000）。档案价值论对档案编研的指导主要表现在两个方面：解决为什么要做的问题、解决从哪几个方向做的问题。具体而言，档案价值论对档案的价值形态进行了划分，包括研究、文化、教育等，这事实上提供了档案编研工作的方向与用户群体划分，能够解决档案编研的内生动力问题。受到技术赋能与叙事介入双重作用的影响，档案数字编研相对档案编研，需要更丰富的理论支撑。在这一层面，档案价值论新论、档案记忆观、知识组织与知识发现理论、档案叙事理论、数字叙事理论、数字媒体艺术理论等都为档案数字编研模式的构建提供了针对性的理论指导。其中，档案价值新论、档案记忆观与档案叙事理论主要从认识论层面提供指导；数字叙事理论、知识组织与知识服务理论、数字媒体艺术理论主要从方法论层面予以指导。具体而言：档案价值论在新技术环境下的价值演化与发展，即数据价值的兴起和凭证价值的回归，给档案数字编研模式的构建提供了方向性指导。数据价值的兴起要求档案数字编研视角的转变，即关注在档案数据层面的内涵挖掘与价值发现。凭证价值的回归要求档案数字编研重心的转变，即更加关注档案数据的主要价值，让其在凭证价值上发挥应有的作用。

档案记忆观对档案数字编研模式的理论指导主要体现在两个方面：提供重要实践源泉和重要应用场景。一方面，在档案记忆观的指导下，20多年来基于档案的记忆工程开展得如火如荼，输出了很多成果，涌现出很多数字编研理念；另一方面，主要在建构数字记忆这一领域。档案数字编研可与档案数字记忆构建接轨，提供档案数字记忆构建的重要方法论。

档案叙事理论对档案数字编研的理论指导主要体现在两个方面：提供档案数字编研服务的方向，即参与国家、地区层面的历史文化叙事；同时，在档案数字编研的内容组织上也有一定导向，有意识地发挥档案叙事作用与运用叙事方法对档案内容进行组织。

数字叙事理论在文化遗产活化、数字人文、教育等领域应用广泛。数字叙事理论对档案数字编研的指导主要体现在内容组织和成果传播方面。

知识组织与知识服务理论对档案数字编研的指导主要体现在内容组织与呈现方面，同时提供来自用户视角的思考。

数字媒体艺术理论对档案数字编研的指导主要在于两个方面：一是提供成果媒介传播的创新思路，二是增强编研成果的艺术表现力。

在具体操作方面，档案数字编研模式的方法无论是理念还是工具都更加具有现代性。传统档案编研模式以人为主导，依赖人的主观能动性对编研素材进行搜集，设定内容框架，并对素材进行组织，形成档案编研成果。档案数字编研模式则强调技术的辅助性支撑作用，主要集中在以下几个方面：

第一，档案数字编研模式依赖数字平台对档案资源进行组织与处理。这种依赖不仅可以利用计算机进行资源的检索汇集与文档编辑，而且是一种新的工作的场域，体现出一种数字载体可信的理念。

第二，档案数字编研模式采用很多新兴信息技术辅助进行编研，如在资源获取层面的自然语言处理、文本识别等技术，在资源组织层面的本体、知识图谱等技术，在成果展示层面的叙事可视化技术、前端网站等。

第三，档案数字编研成果模式的呈现形式选择更加多样，具有科技感。在融媒体的支持下，既可以以专题网站、数据库等形式呈现，也可以回归到传统编研成果形式；既可以是大型的、完整的编研成果，也可以是短小、精悍的系列编研成果；既可以是静态图文形式，也可以是动态图谱形式。

总体而言，档案数字编研模式事实上在全流程领域优化了档案编研的场景、方法与结果，需要从理论到技术的全方位融合发展。但无论理论或技术如何发展，人仍然发挥着不可或缺的作用，决定着内容组织走向与成果呈现导向。

二、构建思路：从理论到实践、从方法到应用

在主要目标与逻辑理路分析的基础上，本书提出，档案数字编研模式的构建需要遵循"从理论到实践、从方法到应用"的基本思路，依次厘清档案数字编研模式的关键内容，核心包括理论构建、业务逻辑、技术架构与应用探索四大部分。

一是档案数字编研模式的理论构建不仅需要基于档案价值新论、档案记忆观、知识组织与知识发现理论、档案叙事理论、数字叙事理论、数字媒体艺术理论等理论指导，而且需要在理论指导的基础上形成自身的理论依据。本书提出档案数字编研模式的理论构建可从理论基座、理论内核、理论要素、理论模型四个方面进行综合考量。其中，理论基座指向三元空间，关注档案编研在数字空间下的功能拓展；理论内核关注技术变迁的影

响，在新"三态"环境下明确档案编研对象、方法与服务的升级；理论要素将技术与叙事双重作用力结合，作用于档案编研，由数字故事化、故事化叙事、叙事可视化三个要素构成；理论模型在理论基座、理论内核与理论要素上提出，体现为"业务－技术－应用"三位一体模型，包括基于人机交互的档案编研业务逻辑建构、面向数字叙事的档案编研技术架构再造、价值驱动的档案编研数字应用场景重塑等内容。

二是档案数字编研模式的业务逻辑是相对传统档案编研模式的逻辑建构。本书以传统档案编研基本程序"选题－选材－加工与编写－出版与发行"为基础，从"从需求到业务－从载体到内容－从离散到有序－从选择到组合"四个部分进行建构。档案数字编研的业务程序表现为"选题匹配－素材发现－叙事构建－成果呈现"。其中，选题匹配指向数字故事化，素材发现与叙事构建指向故事化叙事，成果呈现指向叙事可视化。具体包括九个工作中心：馆藏资源脉络梳理、选题匹配分析、故事性要素解析、上下文应用、情节单元组织、叙事性线索分析、情节生成、话语构建与数字化传播。

三是档案数字编研模式的技术架构目的在于支撑业务逻辑的实现。本书在技术选型的基础上，提出档案数字编研模式的总体技术框架，该框架分为四个模块、上下两个部分。其中，档案数字编研平台技术模块面向人机交互，是档案数字编研模式运作的起点，围绕"选题匹配－素材发现－叙事构建－成果呈现"业务逻辑进行总体交互功能设计；数字故事化技术模块面向档案编研对象升级，支撑选题匹配，包含档案专题数据库体系设计与档案编研选题数据库设计两个子模块；故事化叙事技术模块面向编研方法升级，支撑素材发现与叙事构建，包含"资源－要素"双层主题地图设计与上下文嵌入的档案叙事知识图谱设计两个子模块；叙事可视化技术模块面向编研服务升级，支撑成果呈现，包含数字产品框架设计与融媒体平台框架设计两个子模块。

四是档案数字编研模式的应用探索，主要基于理论模型映射的技术与叙事双重作用下的三个应用场景分别展开探索，主要关注将档案数字编研模式作为一套方法论，在不同应用场景下，按照面向不同类型档案数据的具体应用思路，进行档案数字编研模式从理论到实践的闭环研究。

总体而言，"从理论到实践"从宏观层面回应了档案数字编研模式的主要目标，"从方法到应用"从微观层面回应了档案数字编研模式的逻辑理路。

四、模式比较：档案数字编研模式与传统档案编研模式

为更明确档案数字编研模式的"可能"与"可为"，本书对档案数字编研模式与传统档案编研模式进行比较分析，如图3-1所示。值得指出的是，传统档案编研模式和档案数字编研模式是档案编研业务的两种具体工作模式，目的是做好档案编研工作。反映在图3-1上，面向"档案编研"这项业务环节延伸出两种工作模式，上方显示的是传统档案编研模式的"解决方案"，下方显示的是档案数字编研模式的"解决方案"。

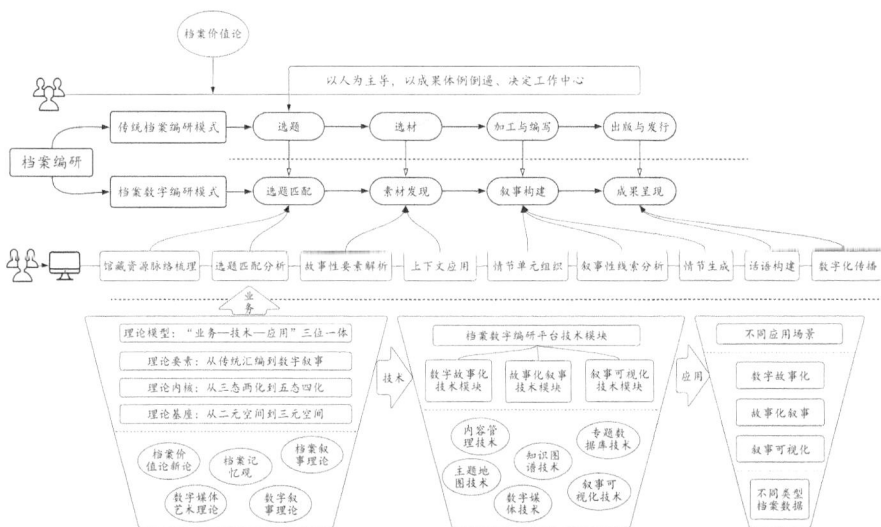

图3-1 档案数字编研模式与传统档案编研模式比较

传统档案编研模式主要以档案价值论为理论依据，以人为主导，遵循"选题－选材－加工与编写－出版与发行"的基本程序，以成果体例倒逼决定工作的开展，并无具体的程式，最多只是在成果体例上有所规范，如大事记、组织沿革、专题综述等。祁天娇等（2021）形象地将

其称为"人工生产线"。

档案数字编研模式充分利用技术赋能与叙事介入，对理论依据与操作方法进行了全方位丰富与细化，拓展了档案编研的业务场域。以人机交互为起点，档案数字编研模式的业务程序在传统档案编研模式的"选题－选材－加工与编写－出版与发行"基础上发展为"选题匹配－素材分析－叙事构建－成果呈现"，并细化为九个工作中心，包括"馆藏资源脉络梳理""选题匹配分析""故事性要素解析""上下文应用""情节单元组织""叙事性线索分析""情节生成""话语构建""数字化传播"。围绕新的业务逻辑，无论是理论指导、技术支撑与应用实现都有新的构建。从这一角度而言，档案数字编研模式更加强调实现。总体而言，档案数字编研模式是指，数字时代档案部门为了实现特定的编研目标，在三元空间、"五态四化"、数字叙事等理论指导下，充分利用技术赋能与叙事介入双重作用，以人机交互为起点，围绕"选题匹配－素材发现－叙事构建－成果呈现"四大业务程序形成的"业务－技术－应用"三位一体解决方案。

本章主要对"档案数字编研模式"的提出进行论证。在调研中，笔者发现，当前档案编研工作稳中有新，呈现出"基础业务正常开展，传统编研成果稳定输出""技术促进业务创新，新型编研成果开始产生"的特点，然而也正面临着来自档案信息化、档案编研研究深化、档案编研工作价值发挥等多个层面的转型发展需求和困境，亟须"破题"与"创新"。鉴于数字编研已然成为档案编研转型发展的基本趋势，笔者提出构建档案数字编研模式，进一步明确档案数字编研模式构建的主要目标为转型、提升与服务，需遵循守正拓新与融合发展的基本逻辑，构建思路聚焦从理论到实践、从方法到应用两个方面，最后对档案数字编研模式与传统档案编研模式进行了比较分析。

档案数字编研模式的理论构建

本章对档案数字编研模式的理论构建进行探讨，以形成关于档案数字编研模式"是什么"的系统认识。鉴于档案数字编研模式并非脱离传统编研模式的"空中楼阁"，而是对档案编研转型模式的系统性总结和全面性优化，笔者首先以宏观数字化转型与数字技术变迁的眼光探讨档案数字编研的模式理论的基座和内核；其次，聚焦微观技术赋能与叙事介入双重作用发挥，提出"双核驱动"档案数字编研模式要素构成；最后，构建"业务－技术－应用"三位一体理论模型。

第一节　理论基础：从二元空间到三元空间

"档案数字编研模式"的提出是对档案编研工作（包括更广泛层面的档案工作）数字化转型目标的重要回应。从这一层面而言，档案数字编研模式的构建首要涉及编研工作空间转换的探讨。

当前档案编研的数字化转型多是随着档案工作的数字化转型在发生变化，而档案工作的数字化转型主要是在资源建设（以档案数字化为核心）与系统建设（以数字档案馆为核心）两个方面着力，是从物理空间到数字空间的简单映射，本质是一种二元空间的视域，既未涉及社会空间探讨，也未涉及数字空间的业务功能重塑，真正意义上的数字化转型任重道远。值得指出的是：其一，对传统业务的数字化转型而言，随着新一代信息技术的发展，数字空间不再是简单、纯粹的映射，而是呈现出物理、社会、数字三个空间交融的现象，这就要求融合空间视域下数字业务功能的重塑；其二，对档案编研而言，人在档案编研中发挥着举足轻重的作用。同时，人主要属于社会空间的范畴，在物理、社会、数字三元空间视野下对档案编研进行考察非常必要。可以说，面向数字化转型的主要目标，档案数字编研模式立论的重要基础在于工作空间的全面转变，即从物理环境下"物理-社会"二元空间或数字环境下"物理-数字"二元空间真正转换到"物理-社会-数字"充分融合的数字空间。这构成了档案数字编研模式重要的理论基础。

一、数字化转型背景下的三元空间：交互融合

三元空间理论源自奥地利哲学家卡尔·波普尔（Karl Popper）的三个世界理论。波普尔（1979）将世界分为三类：世界一、世界二、世界三。其中，世界一是由物理客体和事件组成的世界，世界二是由心灵主体和其感知事件组成的世界，世界三是由客观知识组成的世界。三个世界理论提供了认识世界的基本逻辑和方法论。

随着数字时代的加速到来，传统产业、业务不可避免面临数字化转型，催生了关于物理空间、社会空间与数字空间（或称信息空间、赛博空间、网络空间等）三元空间的融合探讨。三元空间是对三个世界理论的发展。当前，三元空间理论被广泛应用于政府管理、经济管理、城市治理、旅游管理、信息资源管理等领域，促进了各个领域的认识。例如，米加宁、章昌平等（2020）构建了数字空间政府形态和三元空间治理的研究体系；单志广、徐清源（2020）等基于三元空间理论建立数字经济发展评价体系；巩宜萱、史益豪等（2022）创造性地将总体国家安全观在城市域内延伸为包括物理空间安全、社会空间安全、数字空间安全在内的大安全观；王英伟（2022）对政府治理数字化转型中的城市物理空间、虚拟空间、社会空间以及精神空间进行分析；张郴与黄震方（2020）提出旅游地理学视域下的三元空间概念，构建了由人、地、信息有机交互的旅游地三元空间交互理论模型；李纲、刘学态等（2022）

基于三元空间理论探讨了国家安全工作的新场景——国家情报空间的构建。

虽然三元空间在各个管理领域都提供了新的认识逻辑与方法论，目前关于三元空间概念的表述仍有一些争议。准确来说，关于三元空间概念的界定和认识，在物理空间和社会空间基本达成共识，而关于"第三空间"是否为数字空间，还是其他表述（如信息空间、赛博空间、网络空间等），学界尚未统一。学者们也针对"第三空间"相关概念进行了辨析，如李纲、刘学太等（2022）提出赛博空间与网络空间基本等同，信息空间内涵比网络空间大，数字空间从属于信息空间，在三元世界理论中的信息空间应为狭义上的信息空间（赛博空间）。米加宁、章昌平等（2020）对"数字空间"在学术研究中使用的视角进行了总结，可以分为五个层次："技术性视角强调计算机和信息系统通过网络联结而形成的虚拟空间（Slouka，1996；Heim，1993），观念性视角强调信息活动的综合空间和领域形成的信息环境（Jeffrey，1997），社会性视角强调数字化生存形成新型社会形态（尼葛洛庞帝，1996；曼纽尔·卡斯特，2001），文化性视角探讨互联网文化基础上自行组织的共同体（巴雷特，1998），空间性视角则将其视为一个虚拟空间、精神生活空间和文化空间结合的新型的生活空间（曾国屏等，2002）。"同时，米加宁、章昌平等（2020）提出：在第四次工业革命刷新的"数字空间"，不仅创造了人类数字化生存的全新模式，而且是物理、社会和数字因素跨界融合的"第三空间"，凝聚了人类的物质力量、精神力量和文化力量，见图4-1。鉴于在本书中，笔者所探讨的档案数字编研模式既涉及从传统档案编研模式到档案数字编研模式的过渡，也聚焦档案数字编研的内容组织逻辑和技术实现逻辑探讨，因此，本书所关注的档案数字编研模式的空间，不仅是指纯数字空间，还倾向指物理、社会、数字三元融合的空间。

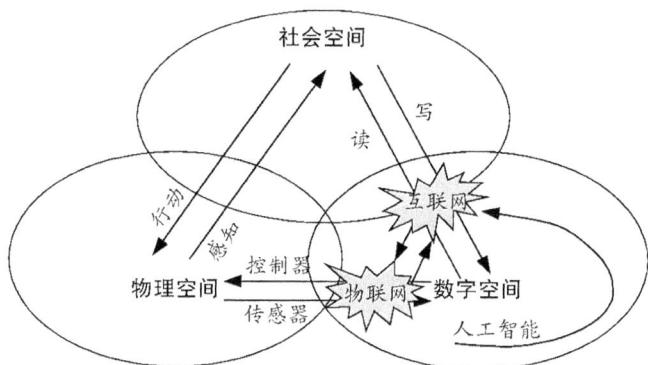

图 4-1 物理、社会、数字"三元空间"

（图片来源：米加宁，章昌平，李大宇，等."数字空间"政府及其研究纲领——第四次工业革命引致的政府形态变革［J］.公共管理学报，2020，17（1）：1-17，168.）

二、三元空间融合视域下的档案数字编研：从物理本质到数字本质

档案数字编研模式构建的主要目标首先在于转型。数字化转型背景下的三元空间理论探索给档案编研数字化转型提供了审视框架。基于三元空间来审视档案编研工作（见图4-2），可以窥见档案数字编研模式构建的基本方向。

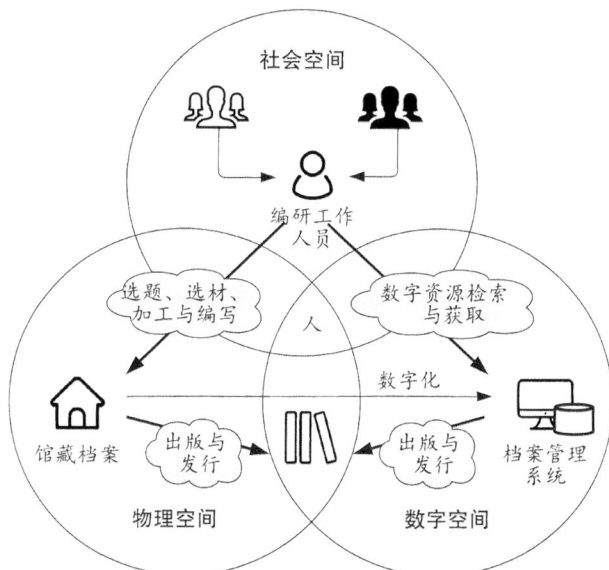

图 4-2 "三元空间"融合视域下的档案编研工作

从图4-2可知，档案编研工作主要在"物理－社会"二元空间下开展，而在数字技术不断赋能的情况下，实际上当前已经出现多个空间的交互，出现"物理－数字"二元空间。

一是档案编研的物理空间通常指的是面向实体档案的传统档案编研业务流程，主要包括选题、选材、加工与编写等基本程序，以及以纸质出版物为主体的出版与发行环节。物理空间下的档案编研依赖印刷技术、纸质媒介和平面媒体等技术，具有固化、单维、线性、开放的特征（祁天娇等，2022）。同时，这一空间会受到时空的限制，往往在一个档案馆（室）内或是一个地区存在。

二是社会空间指的是档案编研人员与用户构成的空间。值得指出的是，在档案编研中，用户其实是不具名的、模糊的一类需求对象。笔者在调研中发现，档案馆主要基于馆藏，面向国家与社会需要如城市记忆建设、文化建设等拟定编研选题开展编研工作，很少能够实现个性化的需求。因此，这里所讲的档案编研的社会空间主要指由档案馆编研主体构成的一个社会性网络。由于档案编研的选材、加工与编写等环节都严重依赖人工的阅读与组编，祁天娇、王强等（2022）形象地将其称为"人工生产线"。

三是数字空间指的是利用计算机等技术开展的线上的编研活动所在空间。从调研可知，目前传统档案编研的线上编研活动主要包括通过档案管理系统查询档案目录（或全文）、电子文档编辑与纸质出版物出版、纸质成果的电子文档等，事实上并没有能够对档案编研的业务逻辑进行重塑，只是发挥了一些支撑作用，其本质还是物理空间的编研活动，产出的也仍然是以纸质出版物为主体的成果，数字化转型之路任重而道远。

档案数字编研模式的构建，关键在于如何实现彻底的数字化转型，即从物理本质到数字本质。对档案工作具体的业务包括归档、整理、保管、开放、编研等而言，数字化转型的本质在于功能的重塑。因此，档案数字编研模式构建的关键在于档案编研数字空间的拓展。换言之，如何将物理空间的工作流程迁移至数字空间中，基于人机交互实现数字空间中的数字编研逻辑建构，是档案数字编研模式构建的主要任务。笔者在此处主要提出档案数字编研模式的重要理论基础，关于具体数字编研业务逻辑还受到其他理论的影响，因此数字空间功能的拓展在此处暂不论述。

第二节　理论内核：从三态两化到五态四化

"档案数字编研模式"的提出是对技术赋能与叙事介入两种作用的重要回应，指向业务能力与服务能力的提升。从这一层面而言，档案数字编研模式的构建，涉及的是关于编研工作内容拓展与深化的探讨，需要明确技术和叙事的作用点在哪、作用如何发挥，这构成档案数字编研模式的理论内核。鉴于档案数字编研之于传统档案编研质量的提升主要受到档案对象管理空间的影响，而档案对象管理空间决定着档案资源形态。因此，档案数字编研模式立论的核心在于工作内容的全面升级，本质是由档案对象管理空间拓展促使的编研对象升级，相应带来的是编研方法的升级和编研服务的升级。

一、技术环境变迁下的档案对象管理空间：纵深发展

随着数字技术的不断发展，档案对象管理空间一直在发生变化。近年来，关于档案对象管理空间与档案资源形态的研究不断深入，如钱毅（2018）提出技术环境变迁下档案对象管理空间相应表现为模拟态、数字态、数据态三种形态，以及三态之间的转化，包括数字化与数据化，相对完整展示出由于技术环境变迁导致的档案管理对象空间的变化。"三态两化"提供了档案资源建设（钱毅，2020）、档案信息化（钱毅，2019；马仁杰等，2022）、档案描述（著录）（钱毅与马林青，2021）、档案保管（钱毅，

2022）、档案标准体系（姚静，2021）等分析的创新视角。其中，基于数据态档案管理对象的管用，学者们进一步开展了不同视角的探索。针对档案数据对象管理，赵生辉等（2021）针对档案对象提出，档案记录因子、数据基因、档案本体等概念；祁天娇、冯惠玲（2021）提出，档案语义组织是实现档案数据化的核心环节，是实现档案机器可理解、机器可操作性的关键一步。面向档案利用服务，夏天、钱毅（2021）提出，档案语义化重组需要从数据形式、资源描述、关系表达和聚集效率四个方面满足机器的可读、可理解、可推理和自动化要求。牛力等（2021）从数字人文视角提出，档案研究"发现""重构""故事化"路径，以细粒度档案数据治理为起点，探索出档案多维度组织、档案叙事化表现框架。

总体来说，基于数据态档案对象管理空间延伸已经显现出了一些新的趋向，呼吁纵深发展。在此基础上，钱毅（2022）在"三态两化"基础上发展了"五态四化"，对模拟态、数字态、数据态、知识态、价值态五态具体的"四化"（数字化、数据化、语义化、故事化）逻辑进行了探讨，构建出档案资源形态与语义表现的U型曲线，基本上梳理了当下及未来一段时间的档案资源形态。其中，语义化通过档案语义台阶构建，实现档案对象在知识空间的表示；故事化以面向人的叙事为主导，通过场景再现与体验等手段，实现档案对象的内涵挖掘与价值展示。

二、新"三态"环境下的档案数字编研：蝶变与跃升

档案数字编研模式构建的主要目标之二在于提升。技术环境变迁下的档案对象管理空间拓展为档案编研业务能力提升提供了着力点。基于"五态四化"来审视档案编研工作，可以明确档案数字编研模式构建的主要方向。

在"五态四化"视角下来看档案编研工作，可以发现：档案编研工作很长一段时间都是面向模拟态档案对象开展的，依赖人工对信息的主观整合，其形成的成果同样以模拟态形式存在，产出成果以汇编或偏文学性质的书籍为主。随着数字技术的发展，档案编研工作开始面向数字态档案对象开展，但是仅是检索、获取资源的方式发生了变化，工作内容仍是主要

依赖人工对信息的主观整合，虽然近年来出现了新的形式，如专题网站、专题数据库、视频等，但形成的成果还是以模拟态形式为主。数据态对象管理空间的出现对档案编研工作的转型有一定推动，如祁天娇、王强等（2022）提出档案数据化编研的概念，构建了"大庆油田组织结构沿革编纂查询系统"，可以根据用户需求以单位、人员、职务等为主题形成不同数据集，并以时间轴、人事履历图谱等可视化展示。但是，数据态并不是终点。随着人工智能、知识图谱、云计算等新一代信息技术的深入发展，知识态与价值态档案对象管理空间的深化势必也会对档案编研工作造成影响，并且是全方位的影响。为此，从能力提升的角度而言，笔者提出档案数字编研模式主要集中在后部，即"数据态–知识态–价值态"三态环境。

档案数字编研新"三态"深化了档案编研的对象形态、方法形式与服务方式，促进档案数字编研向新发展阶段跨越。值得指出的是，不同态别下数字编研聚焦不同的问题，凸显不同的阶段目标。但从长远看来，档案数字编研新"三态"是一体化的，不是割裂存在的。

1.数据态：编研对象升级

数据态面向编研对象升级，首先解决的是对象颗粒度的问题。档案数字编研对象仍是面向档案，不是纸质档案，也不是案卷、文件级别的档案，而是数据化的档案。对数据级别的档案进行控制以便进一步利用，是档案数字编研的重要前提。值得指出的是，在叙事不断介入的作用力下，档案数字编研的对象实际上呈现出的是一种多粒度并存的状态，既有细粒度形态的档案故事性要素，也有中粒度形态的档案情节单元，还有相较而言粗粒度形态的叙事型编研成果。不同颗粒度的对象不仅拓展了档案对象形态，而且实现了编研对象的升级，同时也对数据管理与治理提出了更高的要求。

2.知识态：编研方法升级

知识态首先面向编研方法升级，其次解决对象语义化的问题。数据颗粒度越细，语义越单薄，不一定利于对数据的认识与理解，难以提供充分依据，促进素材的系统化编排。对档案数据对象进行语义化重组，是档案数字编研的关键环节，是形成数字编研成果、提供编研服务的关键一步。关于档案内容的语义化组织，此前也有很多学者提出了一些观点，为本书提供了参考。例如，钱毅（2022）提出，基于本体工程构建面向档案对象领域的语义结构，基于关联数据形成理解档案背景的"知识面"，通过知识图谱等实现语义融合形成"知识态"。祁天娇等（2022）提出，面向语义的档案内容组织新模式，分析了传统档案编研的基本流程如何迁移至编研系统或平台中，形成流畅的、人机互动的档案数据化编研流程。

3.价值态：编研服务升级

价值态面向编研服务升级，最后解决对象故事化的问题。不同于传统档案编研，数字编研更多面向数字用户，尤为关注档案数据在数字环境下的活化与创新转化。以价值为导向，通过数字媒介充分呈现档案编研成果，是档案数字编研的根本目标。受到时、空因素的影响，传统的档案编研成果叙事不太明朗，有待进一步探讨。同时档案数字编研成果的传播也需要突破原先的方式，找到数字环境下的新路径。

总体而言，受到技术环境变迁影响，档案编研的对象、方法与服务都实现了升级，这也是档案数字编研模式相较传统档案编研模式不同的地方，为数字空间下档案编研功能的拓展提供了明确的方向，同时要求档案编研技术架构的升级，以更好支撑新业务的逻辑运行。

第三节　理论要素：从传统汇编到数字叙事

在三元空间融合视域和"新三态"定位的指向下，笔者提出"技术－叙事"双核驱动的档案数字编研模式理论要素构成，如图4-3所示。

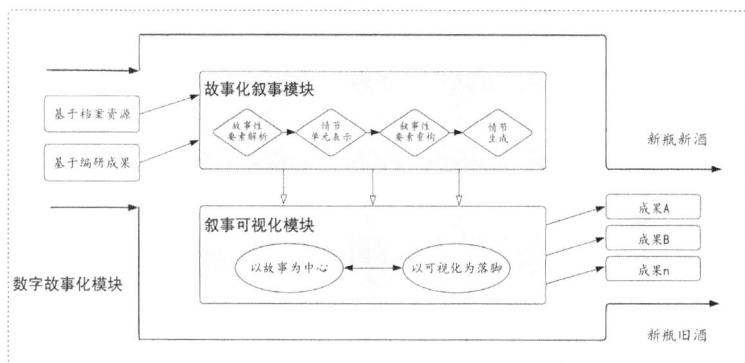

图 4-3　档案数字编研模式理论要素构成

基于叙事学的二分框架——故事（什么叙事）与话语（如何叙事），该要素构成主要包含三个子模块：总体理念转向的数字故事化模块、面向内容生产的故事化叙事模块、面向故事表达的叙事可视化模块。三个模块从逻辑上重新定义了编研的"选材–加工与编写–出版与发行"等工作内容，为档案编研从传统汇编转向数字叙事提供了重要基础。其中，数字故事化模块在逻辑上囊括故事化叙事模块与叙事可视化模块，故事化叙事模块面向故事分支，叙事可视化模块面向话语分支。

一、理念转变：数字故事化模块

数字故事化（Digital Storytelling, DS）模块落脚在逻辑起点，是一种工作理念的重要转变。传统档案编研工作的开展无论是在技术还是叙事的应用上，都比较局限，表现为传统工作理念上的"项目式借力"行为，未能对档案业务程序产生深刻的变革，这就导致在档案创新编研中技术与叙事的应用存在作用点不明、作用发挥有效的问题。因此，档案数字编研模式的理论要素之一，首要就是工作理念的转变。

数字故事化作为数字叙事的一种形式，可通过互动故事、多媒体演示、基于网络的游戏等工具呈现故事，应用在多学科领域中，包括文化遗产、教育、心理等，以文化遗产领域为主（Podara et al，2021；Psomadaki et al.，2019）。近10年来，数字故事化逐渐发展成为文化遗产"活化"的重要方式，学者们对文化遗产数字故事化的构成要素、方法、工具、可视化等内容进行了较为深入的研究和全面的探讨。在构成要素方面，奥古斯托·帕隆比尼（Augusto Palombini，2017）构建了一个适用于文化遗产故事化的理论框架，设计出由用户、角色与叙事环境或舞台组成的叙事单元，进一步分析了由代理、事件/动作、变化（由事件决定）组成的方案。在方法方面，莎拉·贝克（Sarah Baker，2016）等探讨了叙事分析方法在流行音乐遗产策展的应用与实践，提出基于故事的、基于概念的、基于对象的三种叙事方法，从不同角度拓展了数字故事化的思路。安娜·波达拉（Anna Podara，2021）研究发现，通过跨媒体方法不断推广、促进数据驱动的评估和改革、讲述针对正确受众的好故事，提出将互动纪录片（Interactive Documentary）作为数字故事化的新型方式具有可持续性；李旭晖等（2017）围绕叙事型文化遗产，提出利用语义数据模型构建基于角色关联的知识表示方法及知识表示框架。在工具方面，杰奎琳·弗洛赫（Jacqueline Floch）等（2015）介绍了一个移动应用程序"stedr"，该应用程序利用挪威数字讲故事平台"Digitalt fortalt"进行文化叙事，并将其与社交媒体相结合，作为讲故事的补充平台。埃克托·弗雷塔基斯（Ektor Vrettakis，2019）提出，基于web的叙事故事板编辑器（the web-based Narralive Storyboard Editor, NSE）与叙事移动播放器（the Narralive Mobile Player, NMP）两个工具，从创作方法、故事模板、故事呈现等方面提供文化遗产数字故事化支持。在可视化方面，弗洛里安·温德哈格（Florian Windhager，2018）从遗产集合、数据、可视化、用户、任务等方面对文化遗产集合可视化界面设计的现状进行了调查和分析，并提出时间可视化和非时间可视化的方法。亚历山德罗·恩里科·福尼（Alessandro Enrico Foni）等（2010）对构成文化遗产项目的视觉表现的不同方法进行了一般分类，包括使用传统工具作为展示现代2D和3D数字技术的方法。当前，在档案领域，数字故事化也有一些探索，为档案开发利用提供了新的思路。例如，张斌与李子林（2021）提出了面向LAM馆藏资源开发利用的数字叙事驱动型（Digital Storytelling Driven Model, DSD）模型，其中提到加快档案开放共享步伐、关注用户参与叙事需求、推进知识共享等观点。赵雪芹等（2022）提出，档案叙事主体应以档案资源中体现的内容、逻辑、人物、主题等为蓝本，由档案馆或专业用户借助数字技术确定关键点的叙事情节以及呈现方式，将档案资源进行分解、分析后再连接、重组，从而形成新的关联，进一步构建出由档案资源层、叙事创作层、用户服务层、反馈评价层四个部分构成的档案数字叙事服务系统模型。整体而言，这些探索主要处在构念阶段，未能在实践层面得到进一步验证。在技术赋能与叙事介入双重作用力影响下，数字故事化恰恰反映出档案编研一种新的开发利用趋向，因此笔者提出以数字故事化为抓手推进档案数字编研模式构建。

数字故事化模块从两个方面对档案数字编研模式进行构建，从总体层面明确了档案数字编研"可以是什么"的问题，勾画出档案数字编研的整体图景。首先，数字故事化模块定义了档案数字编研的素材空间，不仅可以基于故事（编研成果），还可以基于档案资源。其次，数字故事化模块拓展了档案数字编研的成果空间，能够融合可能的叙事以及可能的呈现，在排列组合中，能够实现呈现的翻倍效果，能够基于用户的不同层次、不同知识结构、不同利用需求，实现多维度、精准化、个性化的服务提供。同时，主要涉及内容生产与故事生成。总而言之，面向数字故事化的档案数字编研能够实现两条成果构建主线——"新瓶新酒"与"新瓶旧酒"，通过新故事的生成与已有故事的不断重新讲述，在话语层面持续拓展档案故事化叙事空间，形成围绕"主叙事"的灵活、可扩展的故事系统。

二、内容生产：故事化叙事模块

故事化叙事（Storified Narrative, SN）落脚在内容组织，是具体工作方法的重要升级。传统档案编研内容组织思路分为两类，即基于某一主题的简单汇编，或是对档案中蕴含信息（来自档案）的进一步整合（相对主观，依赖人的主观能动性）。技术赋能与叙事介入，事实上给传统档案编研提供内容构建的可能性：一是能够在一定程度上解放大脑，显性化档案内容线索与成果组织脉络；二是能够充分借力，探讨面向人的档案故事化叙事构建，形成更符合人类认知的编研成果，扩大档案编研成果传播力和影响力。

认知科学认为，故事化即"一系列事件的因果关系，在时间和空间中发生，涉及一些机构"（Wilkens, et al., 2003）。近年来，"故事化"叙事在很多学科领域实现了典型运用。纪录片"故事化"在保证事件真实的前提下，运用一些影视剧（故事片）创作的手法和技巧，进行纪录片创作、讲故事，以增强纪录片的可读性（何洪池与张建平，2011）；经济"故事化"通过故事在消费者意识中树立品牌形象，加强情感纽带，奠定消费者行为的基础（Mckee&Gerace, 2018）；数据"故事化"围绕数据构建叙事，从而传递洞察，提供业务支撑（Dyke, 2019；朝东门与张晨，2019）。在档案领域，关于档案故事化也有一些探讨，如牛力等（2021）提出，以故事陈述为基础的档案知识服务，通过考虑用户的知识需求与研究者设计的叙事方案等因素，以便为档案数据提供人文解释。赵红颖与张卫东（2021）提出，借助数据故事化手段打造多维情境叙事维度的融合桥梁，可从知识中洞察特色多元的红色故事，红色档案资源的故事化组织需要从故事发掘者（档案机构）与故事受众（利用主体）两个层次形成双重叙事驱动。钱毅（2022）提出，通过档案再现历史是档案基本价值的理想实现方式，而不仅仅是作为载体、数据、信息乃至知识形式的简单存在，这类面向人的叙事就是档案"故事化"的主要内涵。曾静怡（Jingyi Zeng）等（2022）提出，"故事化"注重的是"化"的过程，强调主动的改造、创造与重构，被认为是叙事的增强技术，能够让纯粹叙事具备故事的一些特征，从而获得效用层面的增益。但是，当前几乎未有针对故事化叙事路径的专门研究。由于故事化与讲故事紧密相关，本书同时关注讲故事路径的相关研究。普里特维拉吉·安曼巴罗卢（Prithviraj Achananuparp）等（2020）构建了图片检索的讲故事（Storytelling）模型，这一模型由事件驱动，可以将故事的详细信息封装在事件中，事件模型通过角色交互序列提供故事内容的详细视图。奥古斯托·帕隆比尼（Augusto Palombini, 2017）探索了数字时代文化遗产讲故事的语法，依托叙事的结构提出文化遗产讲故事的关键要素。这为探索档案故事化路径提供了重要参考。

叙事学认为，一个相同的故事梗概可以在各种符号体系之间转移，每一种符号体系都可能破除故事梗概的原始顺序，从而构成独特的情节叙述。因此，故事化叙事模块提出了以情节为驱动的档案故事化叙事路径，通过故事性要素解析、情节单元表示、叙事性要素建构、情节生成等路径实现档案故事化叙事，进而提供档案编研内容组织的明确技术路径。

在传统叙事研究中，情节是虚构的，即事件序列及其因果逻辑是可以被"任意"设计的。然而，当我们讲档案故事，意味着这个故事是非虚构的。这与档案的属性有关：档案具有原始记录属性，能够真实地反映过去，从而档案在讲故事中往往重点关注其凭证性。档案在讲故事中扮演着真相的捍卫者（the defender of the truth）的角色，职责是保证所讲的故事是真实的。档案故事化叙事的重点不在于创造一个新的故事，而是"发现"（Wang et al.，2022）。由此，可以明确的是：第一，在档案叙事语境下，情节不是在创造事件与事件之间的关系，档案故事情节更多关注的是档案中有什么，这些蕴含能够怎么组合，可以形成一个情节或是使档案数据更具叙事性。第二，仅从事件入手去构建情节是不充分的，档案事件及其关系的识别与抽取本身具有很大难度。同时，档案与历史、文学类的叙事性文本也有所差别，很难对行动性事件与状态性事件进行判断。因此，在档案叙事语境下，需要建立对情节的重新理解。考虑到将情节单元作为情节的一个下位类概念，与情节紧密相关，笔者尝试从情节单元切入给情节下定义。在早期研究中，情节单元定义为"故事中一个小到不能再分而又叙事完整的一个单元"（Thompson，1977）。随着20世纪80年叙事学接续转向结构主义与语言学，从故事人物情感变化出发来理解与建构情节单元成为主要的方式。情节单元区别于情节，表现为一些常见的情节要素，包括动机（Motivation）、成功（Success）、失败（Failure）等（Lehnert，1981）。但是，与情节一样，档案叙事的情节单元不是虚构的，人物情感变化已经发生了，关键在于怎么发现这种变化，为故事提供依据。这就需要面向档案资源对情节单元进行建构。从档案资源层面看，情节单元不等同于情节，情节单元有机构成情节，表现为面向情节的档案故事蕴含的有机结构，一般包括事件单元、场景单元、实体单元。情节单元具有实构性、灵活性，与档案具有指向关系。因此，情节可定义为运用不同情节结构对情节单元组织而产生的情节叙述。

来自不同档案的故事性要素虽然可能是相同的，但没有两个相同的情节单元，情节单元是唯一存在的。情节叙述基于情节单元建构，不同情节叙述在反映同一个故事时可能会存在交叉。不同的情节叙述从不同视角实现故事的讲述，从而实现故事的延展，构建更大的故事系统。在分析各部分构成的基础上，档案故事化叙事路径自底向上进行构建，主要分为两个部分：一是资源层，故事性要素解析与情节单元表示；二是叙事层，叙事性线索分析与情节生成。

三、故事表达：叙事可视化模块

叙事可视化（Narrative Visualization, NV）落脚在故事表达，同样也是具体工作方法的重要升级。传统档案编研成果由于主要以书籍形式呈现，其涉及可视化模块的内容仅是图文组织，可拓展的空间比较小。数字环境下，档案编研成果的可视化技术、框架有多种选择，扩大了成果构建的可能性空间。

作为可视化的一个研究分支，叙事可视化重点关注的是叙事在可视化技术中如何应用能够更好地展示和解释数据，使受众更易接收，从而达到某些目的。2006年，迈克尔·沃尔法特（Michael Wohlfart）提出，将"讲故事"的思想引入可视化领域，分析了故事叙述的具体应用要点。在此基础上，"叙事可视化与可视化叙事"（Visual Narrative）被提出。叙事可视化，落脚在可视化数据的叙事嵌入上；可视化叙事，则落脚在可视化呈现上。但是本质上，二者焦点都在于将讲故事与可视化充分结合，一方面是讨论如何使可视化得到类似讲故事效果的叙事可视化技术（朱梦泽与赵海英，2019）。爱德华·席格尔（Edward Segel）与杰弗里·希尔（Jeffrey Heer）（2010）提出，在可视化的背景下，故事叙述和叙事可视化是分不开的，但它仍然需要更具体的定义，特别是因为传统故事叙述机制和策略的区别与共性还未明晰，所以需要通过构建叙事可视化的设计空间来更好地理解可视化数据故事。用可视化传达叙事通常需要选择呈现可视化顺序，在此考虑下，杰西卡·赫尔曼（Jessica Hullman）与史蒂文·德鲁克（Steven Drucker）等人（2013）研究了叙事可视化的序列问题，并提出了一种图形驱动的方法，用于自动识别要线性呈现的一组可视化中的有效序列。叙事可视化在数据新闻领域应用较多，学者们针对数据新闻在内容上如何实现讲故事以及数据的可视化形式进行了研究（刘杰，2013；战迪，2018；许向东，2019）。叙事可视化在历史文化领域有一定探索，如谢玉雪（2020）探讨了基于国外典型国家档案馆的线上展览数字档案资源的可视化叙事服务模式，曾静怡等（2021）从时空、主题、场景维度构建了历史照片档案的叙事可视化呈现框架，潘晟（2021）对近现代报刊地图的叙事性和可视化呈现进行了研究。值得指出的是，数据新闻领域与历史文化领域的叙事可视化研究存在的本质区别主要在于：数据新闻的叙事可视化本质是"生产"，是新的信息传递，而关于历史文化的叙事可视化本质上是"再现"，即故事不是新创造的，而是被发现、重新讲述与传递。

叙事可视化模块是从方法层面对档案数字编研模式进行构建，从成果构建与呈现的角度说明档案数字编研"呈现什么、如何呈现"的问题。具体而言，叙事可视化是在故事化叙事的基础上"以故事为中心""以可视化为落脚"的组配逻辑，能够通过排列组合，发现与故事最匹配的可视化框架，从而能够更好传递成果内涵，使受众更易于接受。

第四节　理论模型："业务-技术-应用"三位一体

在理论基座、理论内核、理论要素构建的基础上，本书进一步构建了"业务-技术-应用"三位一体的理论模型。

该模型以三元空间交互为底，重点关注档案编研在数字空间下的功能拓展，清晰地呈现出档案数字编研模式与传统档案编研模式的区别。档案数字编研的功能拓展包含三个部分内容：业务逻辑、技术架构与应用场景。其中，业务是指基于人机交互的档案编研业务逻辑重构（图4-4灰色部分），技术是指面向数字叙事的档案编研技术架构再造（支撑业务运行），应用是指价值驱动的档案编研数字应用场景重塑（业务面向应用），如图4-4所示。

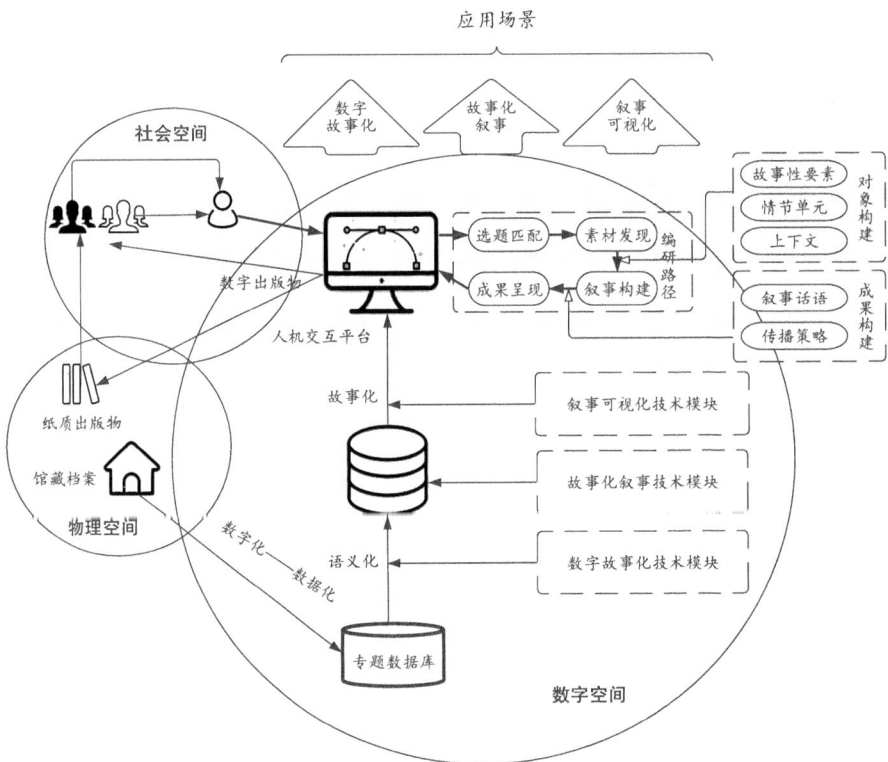

图 4-4 档案数字编研模式"三位一体"理论模型

总体来说，该理论模型既体现出三元空间融合视域，也凸显新"三态"环境下档案编研对象、方法与服务的升级；同时面向档案编研数字叙事实现，相对完整地呈现出档案数字编研模式理论框架，并明确了档案数字编研模式实践应用取向。

一、基于人机交互的档案编研业务逻辑建构

受新一代信息技术影响更加深入，档案数字编研物理、社会、数字三元空间之间的交互更加深入，从依赖人工转为依赖数据、算法与算力。同时，虽然数字空间的档案数字编研流程已然打通，人机交互仍是档案数字编研的重要起点。三元空间融合视域下的档案数字编研充分体现了数字空间的档案编研活动，实现了融合型"数字空间"。如前所述，档案编研的基本程序"选题 – 选材 – 加工与编写 – 出版与发行"是大体不变的。图4-4灰色底色部分显示了档案数字编研的业务逻辑。该业务逻辑以人机交互为起点，在基本程序（选题 – 选材 – 加工与编写 – 出版与发行）上发展了新的编研程序（选题匹配 – 素材发现 – 叙事构建 – 成果呈现）。其中，在技术赋能与叙事介入影响下，涉及编研对象与编研成果的逻辑也实现了重新建构。值得指出的是，档案数字编研的产出物不仅是展示平台、数据库等新型编研成果，基于其以纸质出版物呈现的传统成果形式同样也是重要组成部分。具体业务逻辑阐释见第五章。

二、面向数字叙事的档案编研技术架构再造

业务逻辑事实上显现出档案数字编研模式实现应具有的功能，功能的实现需要全新的技术框架支撑。基于档案编研工作已有的技术基础，面向技术环境变迁下档案数字编研对象、方法与服务的升级，笔者提出，档案数字编研需要搭建包括"数字故事化""故事化叙事""叙事可视化"关键模块在内的技术框架。该技术框架面向档案数字编研程序（选题匹配 – 素材发现 – 叙事构建 – 成果呈现）进行构建。具体技术架构探讨见第六章。

三、价值驱动的档案编研数字应用场景重塑

档案数字编研模式的应用场景与理论要素紧密相关。从传统汇编到数字叙事的重要转型，改变了档案编研实践应用的方向，虽然档案编研业务

需求恒定，但是实现模式发生了重要的变化，并且在一定程度上能够更好地契合业务层面需求。以价值为驱动，档案数字编研应用场景可以基于数字故事化、故事化叙事与叙事可视化进行分别探索。"三个化"在逻辑上属于档案数字编研模式的重要组成部分，从业务开展来说是一体化的，但是也凸显数字编研不同的落脚点，如整体的工作转型、对内容的深入挖掘、对成果的重点呈现，需要根据不同的业务需求来定。具体应用场景的探索研究见第七章。

本章从理论基础、理论内核、理论要素、理论模型四个方面对档案数字编研模式的理论构建进行了研究，提出档案数字编研模式构建的关键在于档案编研数字空间的拓展。档案数字编研模式是在新"三态"环境下的蝶变与跃升，即由档案对象管理空间拓展促使的编研对象升级带来的是编研方法升级和编研服务升级。档案数字编研模式由总体理念转向的数字故事化模块、面向内容生产的故事化叙事模块、面向故事表达的叙事可视化模块组成。档案数字编研模式构建包括基于人机交互的档案编研业务逻辑建构、面向数字叙事的档案编研技术架构再造、价值驱动的档案编研数字应用场景重塑三项内容。

档案数字编研模式的业务逻辑

    档案数字编研模式的业务逻辑是在传统档案编研模式上的提升。以传统档案编研基本程序"选题－选材－加工与编写－出版与发行"为基础，在技术赋能与叙事介入双重作用下，档案数字编研模式的业务逻辑可以从四个部分进行建构：从需求到业务、从载体到内容、从离散到有序、从选择到组合。根据业务开展的先后次序，档案数字编研模式的业务程序表现为"选题匹配－素材发现－叙事构建－成果呈现"。四大业务程序之间的具体关系如图5-1所示。

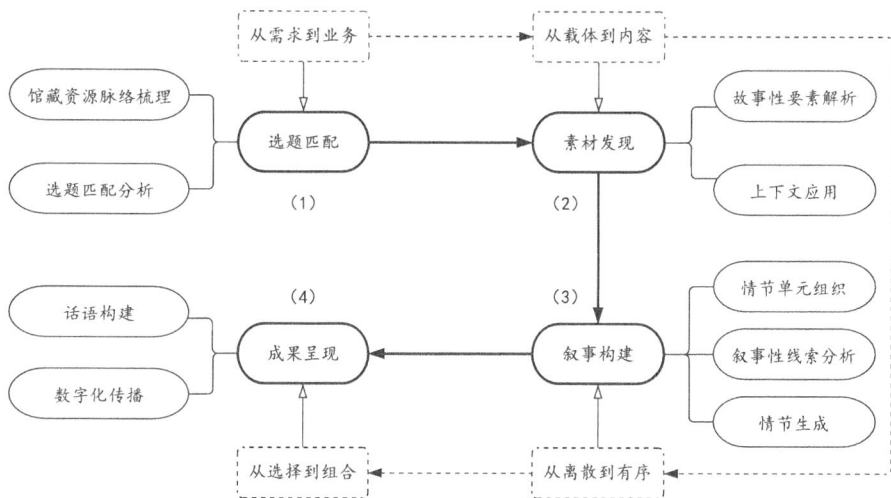

图 5-1　档案数字编研模式业务逻辑图示

    其中，选题匹配指向数字故事化，素材发现与叙事构建指向故事化叙事，成果呈现指向叙事可视化。本章针对其中的关键要素，阐释档案数字编研模式业务逻辑，以在认识论与方法论层面都更加理解档案数字编研模式"是什么"。

第一节　从需求到业务：选题匹配

从需求到业务回答档案编研要"做什么"的问题，也就是选题怎么确定。选题的确定本质是一个供需命题，只有找到了需求与业务之间相对的均衡点，才能取得较好的编研工作成效。选题的匹配不管是在传统档案编研模式还是档案数字编研模式下都非常重要。在传统档案编研模式下选题存在的滞后、不精准、不成体系等问题，可以追溯到馆藏资源脉络不够明朗清晰、选题匹配机制较复杂两个方面。对档案数字编研模式而言，在这一环节的业务逻辑建构重点关注的是技术怎么赋能，能够快速、准确了解相关拟定选题的馆藏资源情况，实现选题匹配，明确档案编研工作开展的边界与空间。这也是档案数字编研模式从传统汇编转向数字叙事的关键逻辑起点，为后续叙事方法的介入提供重要的前提和坚实的基础。

一、馆藏资源脉络梳理

熟悉馆藏是档案编研工作开展的重要基础。随着档案数据量日益增长，仅靠人去阅读、在大脑中建构关于馆藏的知识体系已然不太现实。从长期而言，档案编研工作者对馆藏只知大概而不知细节；同时实践中也存在一些情况导致熟悉馆藏成为"难题"，家底难以摸清。在调研中，笔者注意到两个现象：一是各个档案馆对熟悉馆藏的老专家十分重视。例如，成都市档案馆调研反馈中就有提到馆里有两位资历很深的老专家，对馆藏非常熟悉，往往在开展档案编研工作的选题与选材阶段都会请他们论证，由他们进行把关。二是档案编研工作者不够熟悉馆藏。有不少档案编研工作者反馈，现如今刚入馆的年轻工作者多少有一些心浮气躁，很难沉下心来到库房去翻看档案、熟悉馆藏，因此档案编研工作开展的质量参差不齐。此外，笔者在一些档案馆编研工作情况介绍、总结的文章（张飞，2022）中也可以看到，存在档案编研人员对档案情况不够熟悉的情况。因此，为了保证档案编研工作的高质高效开展，有必要依托数据库、大数据、知识图谱等技术来对馆藏档案资源进行梳理，构建档案数据脉络，在客观层面为档案编研工作提供支持。

档案数字编研模式下，技术赋能的档案资源数据脉络梳理，可从以下两个方面进行：

一是针对具体方向，依托专题数据库开展专题资源建设与脉络梳理。围绕该思路此前已有一些研究与探索，包括城市记忆建设与红色资源建设两个大方向。例如，在过去20年中，在"城市记忆工程"大规模开展的背景下，各级、各类档案馆尤其是城市、区县综合档案馆都对馆藏档案中承载城市记忆的内容进行了摸底与梳理，大多都建立了城市记忆档案专题数据库，在此基础上有效支撑了城市记忆档案编研工作。例如，杭州市档案局、杭州市档案馆在"城市记忆工程"实施过程中，搭建城市记忆档案信息资源平台，建立老照片、重大历史事件史料等六个专题数据库（魏彬冰与何珊珊，2022）。当前，针对红色档案资源建设，各级、各类档案馆也在做全方位的摸底与梳理，开展红色档案资源专题数据库建设。例如，辽宁省档案局在试点探索建立红色档案资源数据库，并确定围绕"马列主义传播""五四运动""中国共产党早期组织在辽宁"等八个历史专题、按照时间脉络建立红色档案资源数据库（丛艳坤，2022）。此外，针对一些特色档案，也有关于专题数据库建设的探索。例如呼和浩特市档案馆提出开展"黄河档案"专题数据库建设（刘宏，2022），北京市档案馆、张家口市档案馆提出建立冬奥会档案专题数据库（常万龙，2022；郝莹玉与周瑾，2023）。总体而言，从专题资源建设的视角对档案资源进行分主题构建，能够为面向这些有针对性方向的编研工作开展提供坚实的基础。

二是直接面向馆藏档案资源，在数字化的基础上开展档案数据化建设，借助知识图谱技术构建馆藏档案资源网络，从而为可能的档案编研工作开展提供基础。当前，在学术层面，学者对档案数据脉络梳理已有一定研究。例如，曾静怡等（2021）在对安徽大学档案馆历史照片档案进行创新编研时，提出首先要对照片档案资源进行数据清洗，以记忆点的形式进行管理，并在此基础上探索照片档案创新编研。在调研中笔者发现，实践中很多档案馆数字化基础已经较好，能实现90%以上馆藏档案的数字化，同时对新增电子档案也实现了较好的管理。然而，大多数档案馆馆藏档案数据化尚未开展，仍是以卷、件为主要形式的管理，深层次的内容管理尚未起步，存在较大的提升空间。

二、选题匹配分析

在馆藏资源脉络梳理的基础上，需要考虑选题的匹配。从调研可知，当前我国档案编研工作开展的需求主要在于服务中心大局、围绕社会热点、立足档案馆藏。这三个方面的需求是紧密相关的，最终都要落脚在馆藏上。例如，杭州市档案馆为宣传杭州悠久的历史文化，利用馆藏图片档案的优势，出版《杭州记忆》《西湖风情画》等图书；服务城市记忆工程建设，出版《杭州历史上的外国人》《钱塘古韵》等图书，突出展示杭州作为历史文化名城的整体风貌（留晞，2021）。由于传统档案编研主要是输出书籍类成果，因此大部分的工作都需要提前规划，选题需经过严密论证。从积极方面来看，这能够保证档案编研工作的科学性与严谨性；从消极方面来看，这不仅会导致档案编研工作开展具有一定滞后性，而且选题未能与资源形成较为全面的匹配，档案资源的价值很难得到及时、充分的挖掘。因此，档案数字编研模式需要在选题匹配上有所着力。鉴于此，有必要建立档案编研选题数据库。通过建立档案编研选题数据库，推动选题与资源的组合匹配，既能满足长期性、系列性、大型编研成果稳定输出，又可以支持临时性、即时性、小型编研工作迅速开展。

关于档案编研选题数据库建设已有一些理论研究，但多停留于概念层面。早在2006年，黄广琴（2006）就提出了建立档案编研选题数据库的设想。通过对选题计划、选材大纲、选题申报、论证、反馈资料等材料进行有序的整合，构建档案编研选题数据库，有利于提高档案编研工作效率。她同时提出建立档案编研选题数据库的方法，先建选题目录数据库，后建选题内容数据库。在数字人文视域下，孙宝辉等（2002）提出，可利用大数据、云计算、物联网等信息化技术对现有档案资源进行聚类聚合，通过构建元数据、索引标志等建立与档案文件目录、档案文件简介、档案文件原文有关的数据库，为档案编研选题提供数据化参考。另外，还可利用自然语言处理技术、语义分析技术确定特色化选题；利用网络舆情信息采集技术及信息抽取技术跟踪舆情动态确定编研选题的方法。

关于档案编研选题数据库也有一些实践探索，如成都市档案馆构建了红色档案编研专题数据库。该数据库依据编研项目专题分类建立，通过档案管理系统和人工编研相结合并融入智慧元素，可完整反映编研项目从选题确立、素材收集、全文数据分析、鉴定审核到编研成果呈现的全过程，从技术上可以确保编研项目信息资源有档为凭、有据可查，实现了编研项目信息共享（张锦，2021）。在调研过程中，经过与科技处负责人交流，笔者发现，目前该编研专题数据库更多的是在编研成果完成后对编研过程的一个梳理，是向后留痕而非向前开展的一项工作。但是，这一工作的思想恰恰与2006年黄广琴所提出的"针对档案选题阶段留下的材料"观点如出一辙，通过对已有选题资料的总结，能够为后续档案编研工作的开展提供很多参考。

总的来说，当前档案编研选题数据库的构建还处于初步阶段，有很大的研究空间。已有研究也提供了编研选题数据库建设的两个重要内容：一方面，可以基于已有编研选题确定过程中的资料进行整合，为新的编研工作的开展提供支持；另一方面，利用数字技术赋能挖掘内外编研需求，与馆藏资源进行匹配，形成选题数据分析报告，由此确定编研开展的可行性与可能性。

第二节　从载体到内容：素材发现

选题完成后，下一步是选材。从载体到内容回答档案数字编研模式"面向什么客体"的问题，也即素材发现。在选题匹配阶段，实际上已经基本获取了档案数字编研的相关资源，完成了相关资源的初步选择，在总体层面明确档案数字编研客体，但是为了更好发挥档案的信息价值和工具价值，还需要进一步深入内容层面，挖掘数字载体背后的内涵，以便更好地进行故事化叙事，服务编研内容生产。在技术赋能与叙事介入下，档案数字编研的素材发现可以从两个方面着力：一是发现档案中的故事蕴含，二是延伸关联内容。

一、故事性要素解析

故事性要素解析是素材发现的第一个步骤。面向故事化叙事的目标，故事性要素解析主要有两个目的：一是对档案资源进行故事性凝练，能够深入挖掘资源内涵，并在资源之上形成核心主题网络，为进行故事化叙事提供素材基础；二是通过故事性要素的语义关联，能够实现更广泛数字档案资源的关联，实现更丰富编研素材的发现与获取（曾静怡与牛力，2018）。其中，第二个目的涉及上下文的应用，将在下一小节进行探讨，本小节主要聚焦故事性要素的解析。

当前，关于档案故事性要素解析的研究集中在人、事、时、地、物等方面。例如，牛力等（2021）探索了多模态名人档案资源中蕴含的人物、事件、时间、地点、物理实体等概念。曾静怡等（2021）提出在故事化利用导向下，照片档案相关的人、事、时、地、物及其互相之间的关系被认为是关键的故事性要素。项目层面，故事化的实践同样是集中在人、事、时、地、物等方面，如上海图书馆开发的珍档秘史——盛宣怀档案知识库，通过挖掘盛宣怀档案中的人物、公司、时空以及关系，实现1.75万件记录的有序组织与管理。但是，已有研究并没有对档案故事化探寻中的人、事、时、地、物概念进行明确界定。为了更清晰地解析档案故事性要素，有必要对要素进行界定。

人物（代理）通常都是故事的灵魂所在，人物（代理）表示为一个或多个事件的动作执行的主体。代理通常指代非自然人（法人），如中国人民大学。

事件定义为单个事件值得展示的有意义的信息（Nakasone&Ishizuka，2006），表示在给定的时间和地点范围内，对一组实体的状态或它们之间的相互作用的描述（Christopher，2011）。组成事件的要素一般包括动作、时空环境、角色等。其中，动作是事件的核心（宋宁远与王晓光，2020）。

其他存在（物）指代场景与人物（代理）角色等内容。大多数情况下，其他存在不会对故事主线产生影响，更多的是起到丰富故事、建构场景的作用。

大部分的故事是以时间为维度划分的，表现为关于过去、现在或未来的故事（Thomas，2014）。这里过去、现在、未来指的是物理时间，也称现实时间。故事发生的自然时间，也称故事时间。

空间多配合时间概念使用。狭义理解，空间可以理解为具体的经纬度、地理位置等，如中国人民大学（39.9696° N，116.3188° E），中国北京；广义理解，空间作抽象用法，从叙事学的"空间转向"中也可窥一斑，表现为同在性，关注故事化叙事的物理空间。

二、上下文应用

上下文（Context）应用是素材发现的第二个步骤。虽然档案资源粒度越细化、语义关系揭示的越丰富，聚合与挖掘的深度与效果就越好（贺德方与曾建勋，2012）。然而，在向下解析故事性要素的过程中，事实上对单个要素而言，语义不可避免变得稀薄。原因在于，档案数据中蕴含的实体却不是单独存在的，而是与同语段、同文本或同案卷内的其他实体紧密关联（牛力等，2021）。因此，"在对档案进行细粒度治理的基础上同时也要考虑上下文识别，需要在一定程度上隐去其语法特性的前提下，将特定实体置于上下文环境中进行识别，才能加深对实体及其所处语义环境的理解（牛力等，2021）"。上下文本质是关系的（Duranti&Franks，2015）。总的来说，上下文应用的意义主要有两个方面：一是为细粒度的故事性要素补充必要的语义；二是能够基于故事性要素延伸获取更丰富的语境信息，既能实现资源的发现，也能实现内容的理解，并且促进意义的阐释（曾静怡，2021）。

上下文的构建需要面向具体对象，考虑到档案具有多种类型，而相对文字类文书档案，照片档案叙事性显著，拥有丰富的视觉内容，较易提取故事性特征。同时，作为一种时间空间化的产物（龙迪勇，2009），照片缺乏独立叙事的能力，迫切需要"把空间化、去语境化的照片重新纳入时间的进程之中，恢复或重建其上下文语境"（龙迪勇，2007），在此基础上方能开展历史的、文化的、记忆的叙事建构。因此，这里以照片档案为例对上下文应用的逻辑进行说明。

1.照片档案上下文信息构建逻辑

在多学科领域中，上下文被定义为"围绕焦点事件（Focal Events）并为事件的适当解释提供资源的框架"（Goodwin&Duranti，1992）。在数字馆藏领域，克里斯托弗·李（Lee Christopher A. Lee）将这一焦点事件定义为"目标实体（Target Entities, TE）"。围绕目标实体，克里斯托弗·李（2011）提出上下文具有三个层次的内涵：第一层上下文（Context1，简写为C1）定义为有关TE在更大的话语体系或信息系统中的位置，第二层上下文（Context2，简写为C2）定义为关于TE周围的客观或主观认识的因素集，第三层上下文（Context3，简写为C3）定义为关于特定主体的主观状态。三个层次的上下文构成基本上建立了上下文的认识逻辑。当前，在档案领域虽然有对档案上下文进行分类，但是没有明确提出上下文信息框架的建立。笔者借鉴克里斯托弗·李关于"目标实体"的概念，将照片档案定义为第一层目标实体（TE），进一步细分为"照片档案—故事性要素"两层目标实体（TE）。围绕TE，结合第一节所述，上下文应用于照片档案的价值的三种能力，构建面向叙事的照片档案上下文信息构建逻辑，如图5-2所示。

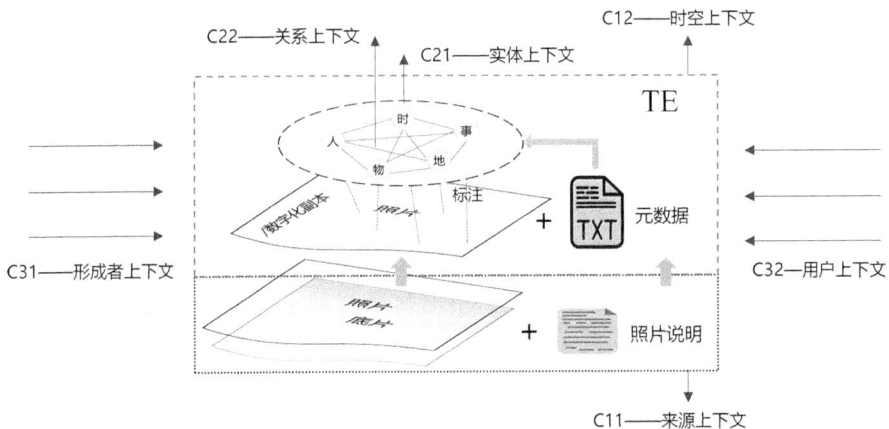

图 5-2　档案上下文信息构建逻辑——以照片档案为例

其一，C1主要包括来源上下文（C11）与时空上下文（C12）。来源上下文定位于文件档案联（archival bond），即某一份照片档案归属于哪个卷、哪个全宗。来源上下文具有十分重要的意义。"照片……只有在与功能环境联系在一起时才成为档案，它的'真实本质'无法从照片本身的形式甚至内容中辨别出来。只有当图像恢复到更广泛的生产、功能与用途时，与信息相关的证据价值才变得清晰"（Christopher，2011）。时空上下文定位于这一份或某几份照片档案在整个时空情境中的位置。

其二，C2主要包括实体上下文（C21）与关系上下文（C22）。实体上下文定位于照片档案中蕴含的故事性要素即人、事、时、地、物本身的属性。关系上下文定位于人、事、时、地、物这些故事性要素之间的关系，以及关系背后的内涵。

其三，C3主要包括形成者上下文（C31）与用户上下文（C32）。形成者上下文定位于照片摄影者与照片档案管理者等的主观状态；用户上下文主要来自叙事的受众，即用户层面的故事需求。

2.面向叙事的照片档案上下文节点信息框架

从全面的照片档案上下文信息框架构建来讲，事实上三个层次的上下文信息都要涉及。但若是主要从叙事实现的目的考虑，C1更多的是管理层面的信息，关于组织机构或是档案部门，帮助回溯与定位；C3更多的是站在资源对立面的、来自用户的外在要素。C1、C3，由于难以获取、量化，笔者暂不将其列入研究范围，留待后续研究。因此，构建面向叙事的照片档案上下文信息主要聚焦于C2，即对实体上下文与关系上下文的应用。节点基本框架如图5-3所示。

一是照片档案作为一个整体对象，其实体上下文主要来自其元数据，《照片类电子档案元数据方案》（DA/T 54—2014）提出以聚合层次为"件"的94项档案元数据项，以聚合层次为"卷"的19项元数据项。关系上下文主要来自照片档案作为"件"的实体状态，归属于某一卷、某一全宗的来源上下文信息项。

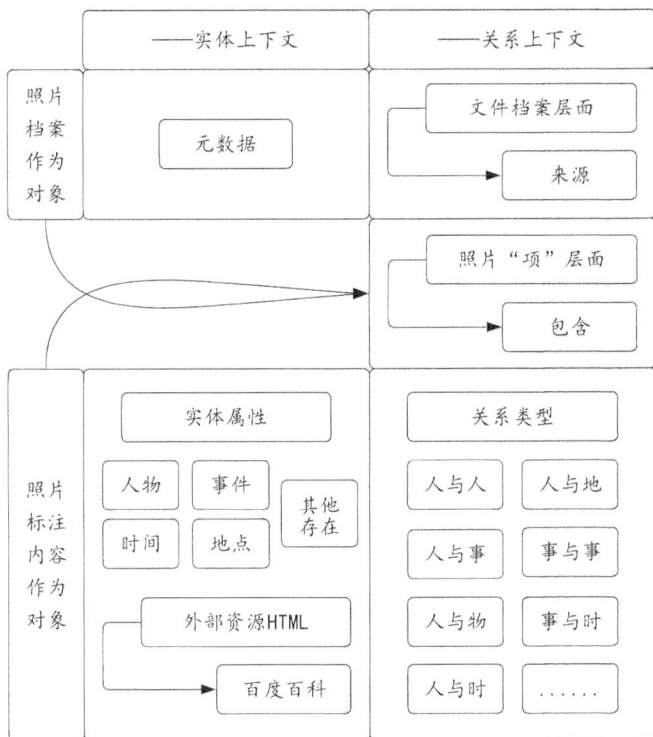

图 5-3　面向叙事的档案上下文节点信息框架——以照片档案为例

二是照片标注内容（前文所提的"故事性要素"）作为对象，其实体上下文主要来自实体本身的属性，需要针对人物、事件、时间、地点、其他存在进行分别构建。例如，人物，可参考借鉴巴拉·吉甘尼山（Balaji Ganesan）等学者（2020）提出的PDEs（Personal Data Entities）的概念，从36类实体进行属性构建，也可来自外部资源，如百度百科、维基百科的实体基本信息。关系上下文主要来自实体之间的关系，考虑到实例过于详细不易控制，在框架层面，实体之间的关系主要通过类型表示，表现为人与人之间的关系、人与事之间的关系、事与事之间的关系，具体的关系如师生关系、同事关系在实例填充层面进行定义。

在这两个层面之中，存在一个中间衔接层，即照片作为"项"是包含人、事、时、地、物等实体的，能够在单份资源层面实现实体的关联。

第三节　从离散到有序：叙事构建

选材之后，下一步是加工与编写。从离散到有序回答的是档案编研素材如何组织形成故事的问题，也即叙事构建。叙事构建是档案故事化叙事的重要环节。档案故事化叙事以情节为驱动进行构建，故事化结构自顶向下主要包括"'故事'–情节–情节单元–故事性要素"四层内容，档案故事化叙事路径自底向上进行构建，主要分为两个部分：一是故事性要素解析与情节单元表示，二是叙事性线索分析与情节生成。故事性要素解析在素材发现阶段已经单独阐述，本节主要对情节单元组织、叙事性线索分析与情节生成的具体逻辑进行说明。与上下文应用相似，为了更聚焦地说明档案故事化叙事构建的逻辑，笔者仍以照片档案为例进行说明。

一、情节单元组织

情节单元则从具有叙事性的照片档案中提取。"具有叙事性（processing narrativity）"与"是叙事（being narrative）"是两个不同的概念。"是叙事"一般指的是字面意义上的叙事，"具有叙事性"则不然，它更多的是指非字面意义上的叙事，如图片、音乐、舞蹈等，能够有能力唤起叙事，而不必是叙事（Ryan，2004）。聚焦到照片档案这一对象，作为视觉叙事的典型代表，照片档案的情节单元表示脱离不开其本身的载体，并且与其蕴含紧密相关。照片档案具有图片的一般属性，一般通过视觉或命题被记住（Ryan，2004）。因此，照片档案情节单元表示可构建为一个两层关联结构，底层是照片档案，上层是由故事性要素组织的单元化的叙事命题。从照片档案类型来看，照片档案大部分照片都涉及人物，且具有明确的事件指向；部分照片档案拍摄的虽然不是人物，是景观或者实物，但由于时间的发展性也具备显著的叙事性。因此，本书将情节单元分为三种类型：事件情节单元、场景情节单元与实体情节单元。

1.事件情节单元（Event Plot Units）

事件情节单元是情节单元的核心组成部分，指的是具有高内聚性的事件命题的集合。内聚性通过主题体现，一般在时间或空间上具有相近性。事件命题由事件、人物（代理）、时间、空间等要素有机构成，如"1953年，吴宝康与苏联专家谢列兹涅夫在颐和园合影"。但是，这一事件情节性较弱。通过上下文信息可知，"1953年，吴宝康与苏联专家谢列兹涅夫在颐和园合影"这一事件事实上属于末点事件，其前置事件包括"吴宝康到人大创建档案学专业""周恩来总理邀请苏联专家""苏联专家谢列兹涅夫来中国任教"等，以上所有事件构成一个事件情节单元组。事件之间的内聚性越强，事件情节单元组的情节性越强。同一个事件，可以属于不同的事件情节单元组。以自然时间为首要划分维度，照片档案事件情节单元主要有以下两种结构。

（1）若E1在时间上属于末点事件，如上所述，事件单元组的概念表示一般表示为鱼骨形，结构如图5-4所示。需要注意的是，末点同样也是起点。因此，事件单元组的概念表示是双向的。

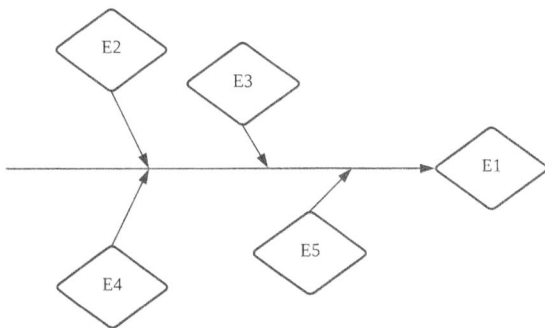

图 5-4　事件情节单元——鱼骨形

（2）若E1在时间上属于阶段事件，此时空间属性较为凸显，如"吴宝康在汇丰银行当练习生"，这类事件命题的事件单元组一般表示为太阳形，结构如图5-5所示。

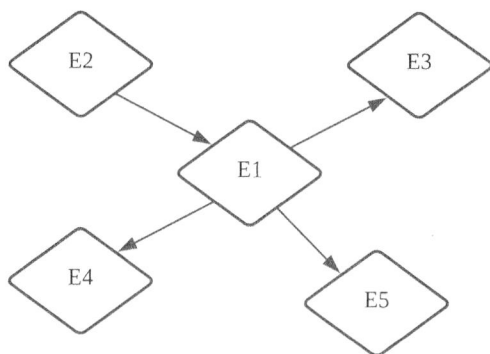

图 5-5　事件情节单元——太阳形

无论是鱼骨形，还是太阳形事件单元，事件情节单元的本质上都是通过主题聚类形成的故事素材集合。事件情节单元通过事件的汇聚寻找情节焦点如入学、入党、立业等，为情节生成提供依据。

2.场景情节单元（Space Plot Units）

场景情节单元是情节单元不可或缺的部分，场景情节单元与照片档案本体紧密相关。与事件情节单元不同在于，场景情节单元很少作为集合出现，在故事化叙事中多是单独使用。场景情节单元具有强烈的今昔对比之感。通常而言，场景情节单元粒度不一，既可以是完整的一份照片档案，也可以是照片档案中的某一部分。场景情节单元包括物理实体、时间、空间等要素，如1952年的中国人民大学校园。

3.实体情节单元（Thing Plot Units）

实体情节单元具有相对性，与对照片档案的认知有密切关系。通常而言，照片档案包括两种类型：一类是作为摄影的档案，一类是作为档案的摄影。本书所使用的照片档案，是二者的综合体，既包括作为摄影的档案，也包括作为档案的摄影。因此，实体情节单元来自两个部分，既包括早期拍摄的物理实体，也包括对档案的数字化拍摄形成的照片档案。实体单元包含物理实体、时间、空间等故事性要素。需要注意的是，针对作品型实体，对其外观的测量与记录不是重点，重点在于对其内容的解读。例如，吴宝康先生发表在《档案工作》上的一篇文章，如何依托上下文对内容进行解读才是实体情节单元构建与表示的难点与关键。

二、叙事性线索分析

叙事性线索分析实质上是对情节单元进行组织或排列。叙事排列是指依据某些线索性的要素对叙事内容进行排布。叙事排列在叙事学中发挥着十分关键的作用，尤其是在视觉叙事中，因为照片不只强调单一照片档案的意义，更为强调从一份照片档案到另一份照片档案的视觉意义。叙事排列首先受到故事讲述者的主观因素影响，故事讲述者通常根据某个主题进行照片档案的选取与排列，以满足某些特定的呈现需要。同时，受到照片档案对象行为的内在关联影响，如具有时间先后、动作连续等关系，或是在同一事件流下，作为关联事件存在。杰拉德·普林斯（2013）提出针对被叙的事件的组织包括时间关系、空间关系、因果关系、变化、相关性、状态与行动的聚合、人物、环境、主题、功能关系等。鉴于本书不从事件层面考虑，聚焦在情节单元上，而情节单元相对事件在某些层面更具叙事性，本书提出面向叙事排列的照片档案叙事线索一般包括叙事时间、叙事空间、叙事主题等。

1.叙事时间

叙事时间是叙事排列关注的首要维度，考虑的是如何重新安排时间的问题。叙事学代表人物热拉尔·热奈特（Gérard Genette，1990）提出，"叙事事实上是叙述者与时间在进行游戏，并将时间分为顺序、时距、频率等范畴"。其中，顺序分为正序与逆序，时距表示为故事时间与叙事时间之间的比较，频率表现的是一个事件（一份照片档案）在故事中出现的次数。在照片档案故事化叙事中，叙事时间可以理解为叙述故事的一种组织方式，即通过叙事时间对照片档案的事件单元、场景单元与实体单元进行时间维度的"故事化"组织，形成一个真正意义上的叙事。叙事时间的应用主要有两种方式：其一，当叙事时间完全等于故事时间（自然时间）时，可根据情节单元的时间先后，实现情节单元的串联组织；其二，当叙事时间不完全等于故事时间（自然时间）时，此时的叙事时间已经不是传统的时间概念，更多表现为一种情节单元之间出现顺序的排列（Ordering），依赖情节单元之间的语义关系对其进行编排。

2.叙事空间

位置本身具有意义，并能通过其变化传达时间意义。随着叙事学发生"空间转向"，空间叙事结构越来越受到学界重视。一般而言，照片档案数据的空间叙事结构可从三个层次进行理解：一是点结构，表现为单个点或是特定的几个点，某地、某机构（如中国人民大学）；二是线结构，表现为一组点（大于等于2）的串联，强调路径，如北京市与湖州市南浔区；三是面结构，可能是同一个点，在不同时间切面上，强调变化。在时空中，空间往往抽象化处理，不特定指哪个点。在照片档案故事化叙事中，叙事空间的应用相对较为灵活，根据实际需要，或多或少涉及点线面三个层面。

3.叙事主题

叙事主题一般指的是时间表示为"现在"的主题，具有较强的社会意义。主题是一种总体的思想意识，它的一组（准）命题（或一组命题）被看作是对意义的阐明（杰拉德·普林斯，2013）。通过给定的叙事主题，叙述者可以实现照片档案资源的发现进而实现故事化的组织。叙事主题在面向载体型档案数据时具有很强的应用性，如丝绸档案的开发利用更多根据社会主题如丝绸之路、红色基因等来进行组织；面向人物导向型的档案数据，叙事主题一般聚焦人物与事件本身。主题具有层次性，既可以是具象主题如人物、事件、时间、空间、物理实体等，也可以是抽象主题如中国档案事业的建立。基于主题的叙事性建构与基于时空的叙事性建构可以叠加使用。

三、情节生成

情节单元通过叙事组织形成情节。从以上叙事组织的维度可知，情节生成的结构可分为：以时间关系为主要线索的线性结构、以空间关系为主要线索的画面结构、以主题关系为主要线索的网络结构。

1.线性结构

故事通常以时间顺序讲述，以时间关系为线索的情节结构表现为线性结构。线性结构严格按照时间向度进行故事的组织与讲述，即叙事时间与故事时间是基本统一的。在这个基调下，插叙与倒叙都可认定为线性结构，叙事时间与故事时间最终是归一的，故事的时间线没有受到根本的影响。那些不是严格按照时间向度作单线、有序叙事的结构，都称"非线性结构"，此时叙事时间与故事时间出现了偏离，呈现出闪回的特征。例如，对吴宝康人物照片档案来说，可以其人物生平为主线，将吴老所经历的事件单元进行串联呈现，在这种情况下，叙事时间与故事时间是一致的；若是以某一年为切入点，关联展示前几年与后几年的事件，这个时候，叙事时间与故事时间呈现出不一致，出现并行、交叉或回旋。线性结构是情节生成的基本结构。线性结构以事件情节单元为主，基于线性结构的照片档案情节生成结构基本呈现为鱼骨形，如图5-6所示。

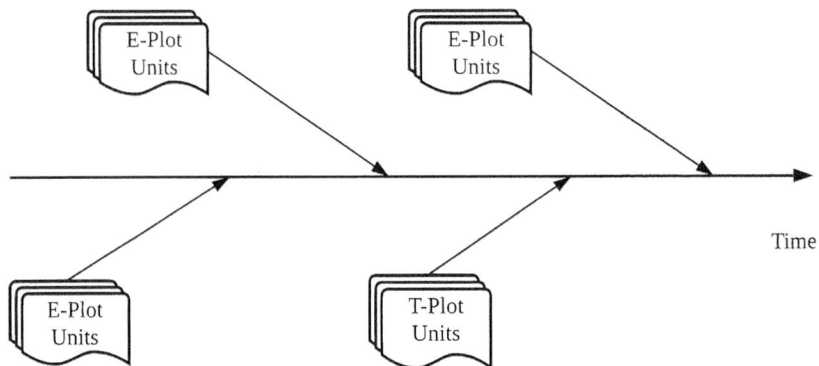

图5-6 线性结构——鱼骨形

2.画面结构

照片是时间空间化的产物，以空间关系为主要线索的情节结构表现为画面结构。照片档案具有两个空间层次：单份照片档案自身就是空间；多份照片档案构成一个时空，通过空间联结时间，这一时空的大小、范围由叙事时间决定。画面结构以场景单元为主，画面结构注重场景的叙事性，以地点为线索形成对事件单元以及实体单元的关联，进而实现从点到线到面三个层面的进阶，表现为花瓣形，如图5-7所示。

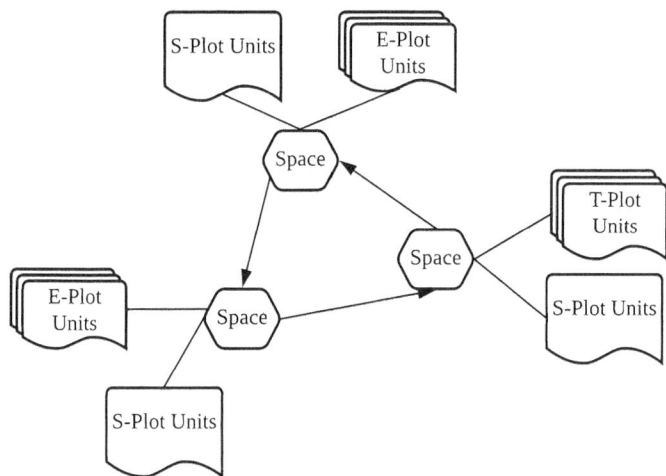

图5-7　画面结构——花瓣形

3.网络结构

主题是故事的灵魂，以主题关系为线索的情节结构表现为网络结构。网络结构在照片档案情节单元的选择与应用上具有显著的主观性与灵活性。其中，主观性指向情节单元"用不用"的问题，这涉及情节单元与主题的相关性、情节单元的信息性、情节单元的开放性等因素；灵活性指向情节单元"怎么用"的问题，涉及主题与子主题的维度划分、在主题聚类的基础上对照片档案情节单元进行时空排列等问题。以主题关系进行聚类的情节单元往往具有松散性，松散性程度如何取决于主题的大小。网络结构的情节生成可以基于主题不断进行细化，呈现出往外扩散的蛛网结构，如图5-8所示。

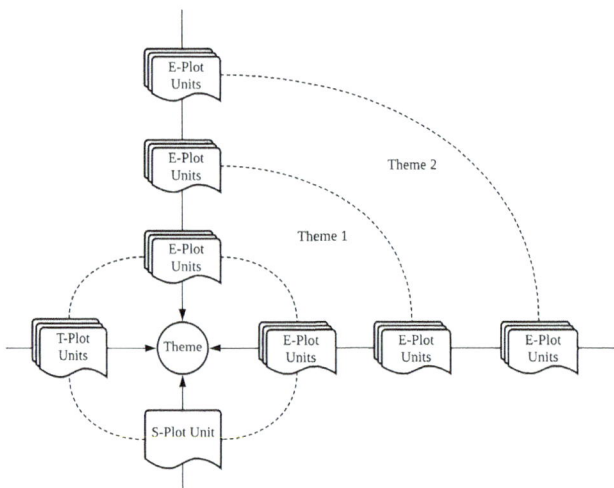

图 5-8　网络结构——蛛网形

第四节　从选择到组合：成果呈现

加工与编写后，下一步就是出版、发行与传播。从选择到组合回答的是档案故事化叙事如何进行叙事可视化构建的问题，也即成果呈现。不同于传统档案编研以书籍为主要产品输出的模式，且通常一次编研只输出一本书籍。档案数字编研模式不仅能够从效率方面有力支撑传统编研成果的线下输出，而且能够从能力方面充分支持不同维度、多种样式数字形式可视化产品的动态构建，从而满足多样的业务目标与个性化的用户需求实现。如前所述，本书采用叙事的二分认识，包括"故事""话语"两个部分。其中，档案故事构建的逻辑在前两个小节已经进行探讨。以故事为中心、以可视化为落脚，本节主要从话语构建与数字化传播两个方面阐述档案数字编研模式下编研成果呈现的具体逻辑。

一、话语构建

话语关注表达层面"如何叙事"的问题，涉及如何根据"需求"有效实现"供给"这一命题，需要从内（面向对象）到外（面向用户）进行构建。本书面向对象与面向业务，分别从显性与隐性两个进程构建档案数字编研话语体系。

1. 面向对象：显性编研话语构建

故事化叙事以情节为驱动，产生不同的情节叙述，在显性内容层面推动了档案编研成果故事系统的构建。在数字空间下，基于不同情节叙述形成的故事化叙事可表示为故事簇，即以故事为中心形成故事化叙事集合，呈现出多面体样态。如图5-9所示。

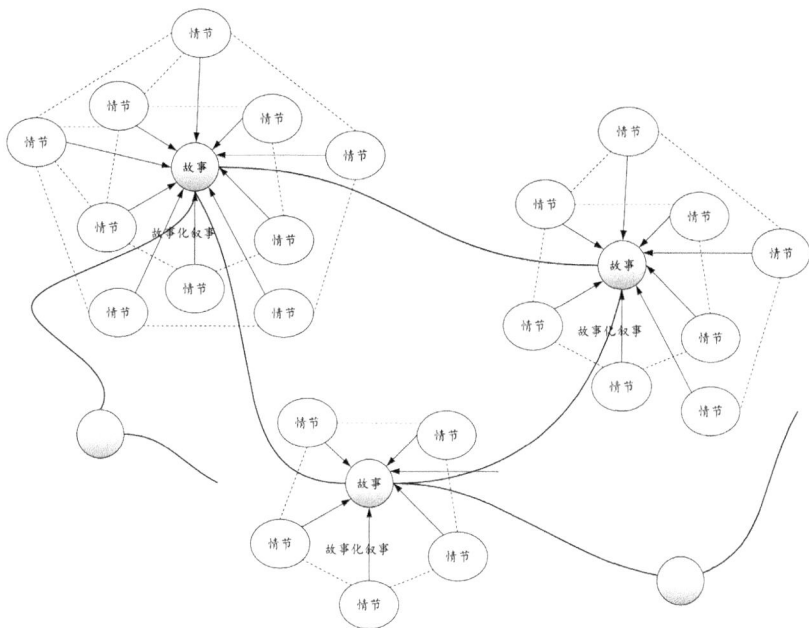

图 5-9　面向对象的档案数字编研显性话语构建（故事＝主叙事）

这一视图是动态生成的，随着不同编研主体、不同目的、不同思路呈现出不同的结果。但是值得指出的是，其主叙事（编研话语）是基本不变的，核心逻辑就在于在显性进程下，故事约等于主叙事，承载编研话语。不同的故事簇实际上构成了某一档案馆馆藏资源故事化开发利用的全局叙事视图。这也明确了馆藏档案资源的叙事空间，并为档案叙事研究与实践提供了较为明确的指南。

2.面向用户：隐性叙事话语构建

面向对象的显性编研话语构建是一种内构视角，但从全面的叙事介入而言，还需要从外构视角进行探索，这就涉及用户层面的隐性话语构建问题。申丹（2013）将相对故事的"第二故事"称为叙事的隐性进程。档案编研的隐性叙事主要受到叙事目标的影响，也即"从需求到业务：选题匹配"中所提到的需求。在该部分，笔者并未对"需求是什么"进行分析，主要从如何实现需求到业务的匹配机制上进行探讨。这里笔者对当前及未来一段时间内相对稳定的档案编研工作需求框架进行探讨，在此基础上提出面向用户的档案编研隐性叙事话语体系。

在调研中笔者发现，当前档案编研工作开展主要围绕三个中心：党和国家工作大局、社会热点、馆藏。而根据我国档案工作的性质与档案资源体系构成，笔者认为，当前我国档案编研隐性叙事的构建主要有四个维度，构成四大档案编研的四大话语场域，如图5-10所示。

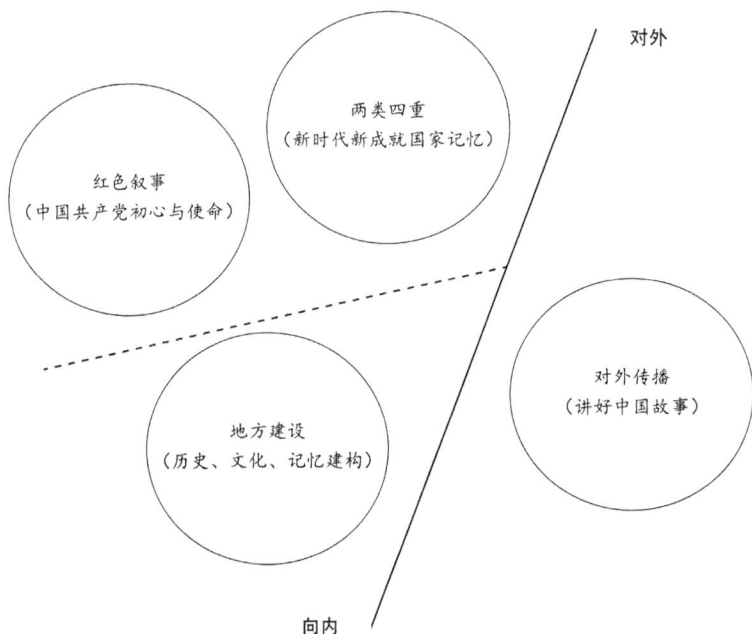

图 5-10　面向用户的档案数字编研隐性话语构建（四大场域）

其中，红色叙事、两类四重、地方建设向内，对外传播对外；红色叙事与两类四重面向整体国家层面的话语构建，地方建设着重地方政治、经济、文化等建设，侧重地方话语构建。

红色叙事的核心逻辑在于展示中国共产党的初心与使命。习近平总书记指出，"红色是中国共产党、中华人民共和国最鲜亮的底色"。蕴含党的初心使命的红色档案是红色资源的重要组成成分，管好用好红色档案是讲好百年来中国共产党人坚守初心使命故事的重要内容。

"两类四重"的核心逻辑在于新时代新成就国家记忆构建。"两类"档案主要指的是脱贫攻坚与疫情防控档案，"四重"档案则包括重点领域、重大活动、重大事件、重大项目档案。做好"两类四重"档案的编研工作目的在于生动反映新时代取得的历史性成就，展现中国力量、中国精神、中国效率。

地方建设的核心逻辑在于地方层面的历史、文化、记忆建构，强调地域性。城乡记忆工程的开展即是一个典型例子。此外，以高校、企业为主体的文化记忆建构也是应有之义。这体现出地方档案馆的地方服务力量。

对外传播的核心逻辑在于讲好中国故事，包括中国共产党治国理政的故事、中国人民奋斗圆梦的故事、中华优秀传统文化的故事、中国坚持和平发展合作共赢的故事。

总体来说，隐性进程四大话语场域与显性进程故事簇共同构成了档案数字编研话语体系，从表达的层面为叙事型编研成果的构建提供了基本逻辑，反过来，也为档案编研选题提供了方向性指引。

二、数字化传播

数字化传播本质是数字技术对传播媒介、形式、成果等的赋能，通过数字媒介以数字形式传递内涵，实现资源价值增殖。随着数字技术的不断深入发展，数字化传播已经发展成为传播主流形式，以数字化叙事推进数字化传播创新正在发展成为主流趋势（万爽，2022）。传播关注表达层面如何利用媒介更好进行叙事与传递叙事的问题，本质是在建立档案部门与用户之间的传播场。

档案数字编研成果传播的逻辑主线以档案故事池为起点，通过对档案故事进行成果可视化构建，产出叙事型档案编研成果，汇集形成叙事型档案编研成果库，并通过网站端、移动端、社交媒体等传播平台应用传递给目标用户。总体而言，数字化传播面向话语嵌入的"档案故事"进行构建，主要包括两个部分：一是叙事型编研成果如何进行可视化构建，二是叙事可视化成果怎么传递给用户，如图5-11所示。

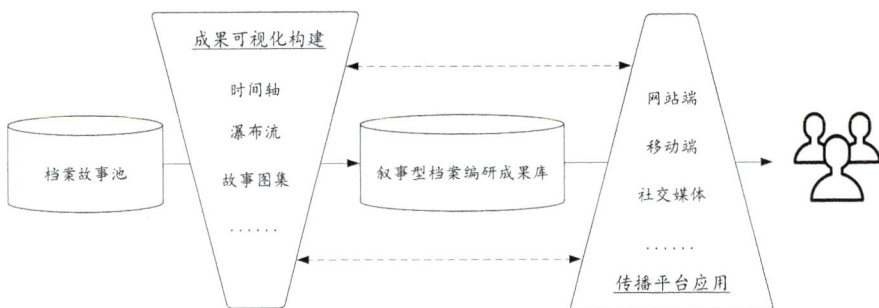

图 5-11　档案数字编研成果传播基本逻辑

关于叙事型编研成果可视化构建的问题，涉及叙事可视化技术的应用。当前可视化构建的逻辑主要包括时空叙事可视化、主题叙事可视化等，相应产生了时间轴、瀑布流、故事图集等叙事可视化框架。

关于叙事可视化成果怎么传递给用户的问题，涉及传播平台的应用。当前，媒体融合已经成为重要趋势。"融媒体"以网络嵌入深度化为趋势（李玮，2017），面向数字化传播用户对文化内容短、小、精的需求，通过网站端与移动端，以及微博、微信公众号等融媒体平台传播。

可以说，数字化传播是档案数字编研模式有效发挥作用的"最后一公里"，关系着数字技术与成果内容能够巧妙结合，影响着档案数字编研成果质量与工作效果，需要重点关注。

本章探讨了档案数字编研模式的业务逻辑，提出档案数字编研模式的业务逻辑可以从四个部分进行建构：从需求到业务、从载体到内容、从离散到有序、从选择到组合。根据业务开展的先后次序，档案数字编研模式的业务程序表现为"选题匹配-素材发现-叙事构建-成果呈现"。其中，选题匹配指向数字故事化，以馆藏资源脉络梳理与选题匹配分析为工作中心；素材发现与叙事构建指向故事化叙事，以故事性要素解析、上下文应用、情节单元组织、叙事性线索分析、情节生成为工作中心；成果呈现指向叙事可视化，以话语构建与数字化传播为工作中心。本章具体探讨了九个工作中心的运行逻辑与主要内容，丰富了关于档案数字编研模式业务逻辑的认识。

档案数字编研模式的技术架构

06
第 六 章

　　档案数字编研模式的业务逻辑建构勾画出一个档案编研工作转型的愿景，但是，具体能不能实现、如何实现需要从档案编研工作的实际出发进行综合考虑。结合数字环境下档案编研工作开展的实际，本章接续开展档案数字编研模式的技术架构再造研究，在技术选型的基础上，提出档案数字编研模式的总体技术框架。其中，档案数字编研平台技术模块面向人机交互，是档案数字编研模式运作的起点；数字故事化技术模块面向档案编研对象升级，支撑选题匹配；故事化叙事技术模块面向编研方法升级，支撑素材发现与叙事构建；叙事可视化技术模块面向编研服务升级，支撑成果呈现。

第一节　档案数字编研模式的总体技术框架

　　档案数字编研模式的技术架构再造的目的在于支撑档案数字编研业务逻辑。前文从选题匹配、素材发现、叙事构建、成果呈现四个环节对三元空间下档案编研在数字空间的逻辑拓展进行了探讨，其中提到的一些新功能的实现需要新技术的支撑。同时，新业务逻辑的运作需要人机交互驱动，编研主体在数字环境下的交互行为也对技术支撑提出了要求。为此，本节首先面向这些需求进行技术选型。在此基础上，运用系统论方法构建档案数字编研模式的总体技术框架。

一、档案数字编研模式的技术选型

档案编研是档案工作的落脚点与窗口，但同时，其受到前期档案业务环节的影响。因此，探讨档案数字编研模式的实现不能仅从自身出发，还需要考虑其他环节已有的基础。在此基础上，只有围绕新业务逻辑进行技术选型，才更具科学性、合理性与可行性。鉴于此，在前期调研中，笔者不仅对档案编研的信息化基础进行调研，也对当前档案馆数据层面的档案信息化基本情况进行了解，包括档案数据化、专题档案资源建设、目录数据库建设等情况，从这一角度来窥见档案数字编研模式技术架构再造的技术着力点与方向。

基于调研情况进行总结，笔者发现，当前档案编研的数字基础设施较为初级。首先，大部分档案管理系统没有内嵌编研功能，内嵌编研功能的系统仅能提供简单的统计性数据；当前尚无能够满足"选题－选材－加工与编写－出版与发行"的编研平台，关于内容理解、串联等仍是靠人主动，机器辅助较少，缺乏客观的留痕与记录。其次，档案数据化建设缓慢，档案编研工作者在检索查询档案编研相关素材时，大部分情况下仅能获取目录数据，无法看到全文，还是需要到库房查阅。同时，资源之间根据全宗、卷、件的逻辑进行呈现，虽然通过全文检索能够查到一些条目数据，但是资源之间缺乏关联性，需要依赖人的联想与拓展，是一种探索性的资源获取手段。总体来说，资源的查全率、查准率、工作效率相对较低。但是，值得指出的是，目前也有一些档案馆进行了一些探索，为面向数字编研的档案技术架构再造提供了一些基础与启发，如山东省市县三级综合档案馆联合开展"落实习近平总书记对山东工作重要指示要求"专题档案记录库、革命历史红色档案资源库、"黄河故事"山东篇章专题档案数据库、经略海洋档案资源库建设等工作，不断丰富馆藏，推进档案资源共建共享（李世华，2022）。成都市档案馆构建了红色档案编研专题数据库，可反映从选题确立、素材收集、全文数据分析、鉴定审核到编研成果呈现的编研工作全过程（佚名，2021）。

档案数字编研模式以人机交互为起点，要求档案编研对象、方法与服务的全方位升级，这从档案数字编研模式业务逻辑建构也可见一斑。在已有档案编研技术基础上，围绕档案数字编研模式业务逻辑要点，档案数字编研模式的技术架构再造需要从以下四个方面进行技术选型思考。

1.人机交互窗口——内容管理技术

人机交互是档案数字编研模式运作的起点。无论是选题匹配、素材发现、叙事构建还是成果呈现，都需要提供一个窗口，提供编研活动开展的空间。在此背景下，笔者提出，可引入内容管理技术设计档案数字编研内容采编平台，以构建档案数字编研模式运作的数字空间。

内容管理是适应网络出版、数字出版需求而产生的新技术。"内容"一词，最初源自出版媒体页、书报杂志、唱片影带里的创作，后随着互联网的应用深入，内涵范围越来越大。"管理"包括"创作、获取、出版、动态网页产生、整合、聚集、翻译、配置、链接、传递、储存、分析、共享、查找、分类、传送、使用、联合、存档"等行为。内容管理关键的技术是组件技术。模板设计和内容编辑的有效分离，以及集成多种类型的内容是内容管理的功能要求（刘玉照与岳修志，2008）。

2.选题匹配阶段——专题数据库技术

在选题匹配阶段，可引入专题数据库技术构建档案专题数据库与档案编研选题数据库。早在2000年，图情档领域就有关于专题数据库建设的相关研究。学者们提出，专题数据库是指以特定地域、特殊行业、特定主题为基本内容的数据库，这类小型、专门化数据库常为特定服务所需求，具有专一性、完整性、有效性、可用性、可发展性、局限性等特征（周晓晴与曾英姿，2000）。专题数据库的建库步骤包括专题的确定、数据的收集、数据的处理、数据的存储与产品形式等（严跃英，2001）。关于数据库技术在档案编研工作的应用，也有学者提出，使用档案馆藏数据库能够提高选材工作效率、各种信息库能够为档案信息加工提供知识支持、编制档案专题数据库是档案编研工作的新形式，计算机编研数据库与多媒体数据库构成档案专题数据库的主流载体等观点（郑芸，2003；李文以，2008）。但是，值得指出的是，经过20年的发展，虽然档案领域专题数据库已经有很多成果，但是也存在一些问题，包括建设目的不明确、利用需求不明晰、建设标注不统一、数据共享不给力等，质量参差不齐（孙瑾与郭彦军，2012）。可以说，作为一种编研成果形式，专题数据库已经基本实现其功能与建设目标；作为一种素材汇聚，专题数据库并未能穷尽馆藏特色档案资源，同时专题数据库在提供持续编研活动开展的支持上相对乏力，有待进一步研究。

需要说明的是，当前档案领域在专题数据库的使用上主要有两个用法：档案专题数据库与专题档案数据库。为了更明确档案数字编研模式下所指的档案专题数据库概念，这里首先对两个概念进行区分。经过文献查找与实践调研，笔者认为，档案专题数据库与专题档案数据库有一定联系，但是构建方向有所区别。档案专题数据库一般是为了有效揭示并聚集与某一主题相关的，蕴含在档案文献当中的有价值的信息，深层次开发档案信息资源，满足用户的利用需求；专题档案是围绕一个专门研究或讨论的具有重要历史价值的社会实践过程，而收集形成的具有密切有机联系的档案整体，而专题档案数据库以专题档案为主要来源，属于一类档案数据库，强调的是档案资源建设（孙瑾与郭彦军，2012；王上铭等，2015；冯文杰，2013）。

3. 素材发现和叙事构建阶段——主题地图技术与知识图谱技术

在素材发现和叙事构建阶段，可引入主题地图与知识图谱技术对资源进行故事化组织与故事化叙事构建。

主题地图技术本质是一种知识组织工具，源自索引，最初的模型定义于1992年。主题地图在ISO/IEC 13250中定位为，一套用来组织信息的方法，使用这个方法可以提供最佳的信息资源导航。主题地图分为三个部分，简称TAO，具体包括主题（Topic）、关联（Association）、事件（Occurrence）。其中，主题是核心概念，囊括所有可能的事物，如人、事物、时间等；关联基于主题之间的关系确定；事件指向某一主题的相关关联资源。主题地图把知识结构分为资源层与主题层两层，主题层在资源层之上进行定义（温有奎与焦玉英，2011）。当前，关于主题地图在档案编研领域的应用也有一些探索。杨力与姚乐野（2009）指出，主题地图能够用更加直观、更加系统的形式表现数字档案的主题内容及其关系，是知识分类、知识聚类和知识关联方法较好的体现形式；通过主题地图，用户能更快速把握档案知识单元之间的联系、知识单元的分布及来源，有助于知识发现与知识创新。牛力与王烨楠（2017）在研究基于档案的城市记忆资源全过程建设时，提出了主题记忆地图的设计，这是一个以主题为依据实现记忆关联的三层空间模型，从上至下依次是记忆展示层、记忆描述层与记忆资源层，将记忆资源体系化、结构化、建立关联，并通过可视化方式展现。总而言之，主题地图技术能够从结构层面优化故事性素材解析后的资源多粒度组织问题。

知识图谱技术本质是人工智能技术的一部分，其建立的具有语义处理能力与开放互联能力的知识库，可在智能搜索、智能问答、个性化推荐等智能信息服务中产生应用价值（徐增林等，2016）。知识图谱的构建技术包括信息抽取（实体、关系、属性），知识融合（实体链接、知识合并），知识加工（本体构建、知识推理、质量评估），以及知识更新（刘峤等，2016）。知识图谱技术能够实现资源的动态聚合，实现智能化叙事的构建。档案领域知识图谱应用较多，牛力等（2021）在价值挖掘视角下，提出将档案数据组织技术分为静态关联与动态聚合两个步骤。其中，动态聚合侧重底层资源中的实体的主题聚类与划分，通过知识计算得出实体间的语义及上下文相似度，可将围绕同一实体的描述性概念予以聚焦。将知识图谱技术引入档案数字编研模式，可从人工智能的角度提供故事化叙事的重要支撑。

4.成果呈现阶段——叙事可视化技术与数字媒体技术

在成果呈现阶段，可引入叙事可视化技术与数字媒体技术对成果进行话语体系与传播体系构建。

叙事可视化技术是可视化技术的一个重要分支，包括杂志风格（magazine style）、带注释的图表（annotated chart）、分区海报（partitioned poster）、流程图（flow chart）、连环画（comic strip）、幻灯片（slide show）和视频（film/video/animation），在具体实践中表现为形式上的可视化和内容上的叙事性。其中，可视化分为界面可视化和跨媒体运用两个方面，叙事性从叙事主题、叙事结构、叙事视角、叙事语言四个方面进行考察（谢玉雪，2020）。将叙事可视化技术引入档案数字编研成果构建，既能够在内容层面也能在形式层面进行创新赋能。

数字媒体技术是以计算机技术和网络通信技术为主要通信手段，综合处理文字、声音、图形、图像等媒体信息，实现数字媒体的表示、记录、处理、存储、传输、显示、管理等各个环节，使抽象的信息变成可感知、可管理和可交互的一种软硬件技术，主要应用于数字影视、数字游戏、数字广播、数字广告、数字出版、数字存储、计算机图形与动画技术、虚拟现实等领域（马进宝，2010）。数字媒体技术在档案展览领域有一定研究，刘婷等（2012）对网上档案展览主要使用的 Web 3D 与 VRML（Virtual Reality Model Language，虚拟现实建模语言）、360度全景、虚拟漫游等技术进行了比较分析，罗倩与项敏刚（2020）提出，以档案实体为主要表现元素的档案展览引入 VR 技术，能给用户带来沉浸性、交互性和构想性体验，VR 技术可与档案馆基本陈列、网上展览与移动客户端展览结合使用。同时在数字出版领域也有一定应用，已有记忆工程与数字人文领域构建的前端网站可以认为是一种数字出版活动。将数字媒体技术引入档案数字编研模式技术构建，不仅可以为数字产品的数字传播提供支持，还可以为数字内容转化的线下产品传播赋能。

二、档案数字编研模式的技术模块

在技术选型的基础上，笔者提出，档案数字编研模式的总体技术框架可分为四个模块、上下两个部分进行构建，如图6-1所示。

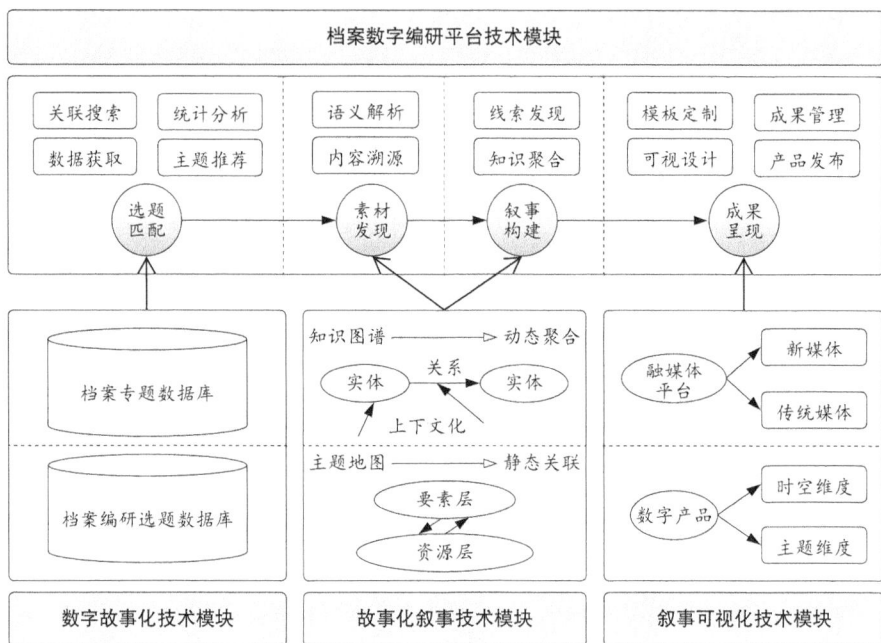

图 6-1　档案数字编研模式的总体技术框架

技术框架上部主要是档案数字编研平台技术模块。档案数字编研平台技术模块围绕"选题匹配-素材发现-叙事构建-成果呈现"业务逻辑进行总体交互功能设计。具体而言：在选题匹配环节，可通过关联搜索、数据获取、统计分析、主题推荐实现选题的快速、精准匹配，并获取初步的素材汇集。在素材发现环节，可通过语义解析与内容溯源功能实现故事化要素的解析与主题式关联。在叙事构建环节，可通过线索发现与知识聚合功能实现情节驱动的故事化叙事构建。在成果呈现环节，可通过模板定制、可视设计、成果管理、产品发布等功能实现数字编研产品的多维构建与多径传播。

技术框架下部主要由数字故事化技术模块、故事化叙事技术模块与叙事可视化技术模块构成。其中，数字故事化技术模块指向"选题匹配"，以档案专题数据库建设与档案编研选题数据库建设为中心。故事化叙事技术模块指向"素材发现"与"叙事构建"，核心在于通过构建"资源-要素"双层主题地图，实现档案编研素材的静态关联、通过实体上下文化与关系上下文化，构建上下文嵌入的档案叙事知识图谱，实现故事化叙事的动态聚合。叙事可视化技术模块由基于时空维度、主题维度构建的数字产品框架设计和传统媒体与新媒体融合的融媒体平台设计两个部分构成。

值得指出的是，数字故事化技术模块、故事化叙事技术模块、叙事可视化技术模块是在技术赋能视角下对新"三态"环境下编研对象升级、编研方法升级、编研服务升级的呼应。

第二节　编研对象升级：数字故事化技术模块

在理论要素部分，数字故事化是总体工作理念的转变。其中，数字故事化技术模块从总体层面明确了档案数字编研"可以是什么"的问题，并勾画出档案数字编研的整体图景。数字故事化模块主要落脚在编研对象的升级上，以此为起点，实现故事化叙事与叙事可视化。

一、档案专题数据库体系设计

档案专题数据库的建设是对馆藏资源脉络梳理的重要支撑。档案专题数据库构建首要目标是让档案馆（室）充分熟悉、明确馆藏资源与特色馆藏资源，形成丰富的素材以供编研利用，为档案数字编研提供数据支撑。因此，从档案资源体系建设需要以及档案数字编研模式运行需要而言，面向档案数字编研的档案专题数据库建设是体系性建设，具有延展性，呈现出实体与逻辑交汇的形态，如图6-2所示。

实体成库是一项常态化工作，即有计划地对馆藏显性特色资源进行专题性建设，摸清家底并实现专题性资源的有效组织、管理与提供利用。据调研可知，当前大部分档案馆都建有至少1~2个专题数据库，有条件的档案馆专题数据库的数量还更多。但是存在一个较为显著的问题：由于建设标准不一、规范不一、能力不一等，导致专题数据库在馆藏档案资源中处于一个相对尴尬的位置，作为编研成果形式影响力不大，作为资源的汇聚在长期维护上相对乏力，逐渐影响力下降。这个原因可以归结为档案专题数据库的建设目标重点偏差，即档案馆在建立专题数据库的时候，更多的是将"建成"作为里程碑，而对建后怎么开展持续的建设、发挥专题数据库的作用缺乏进一步的探索。因此，以档案数字编研模式构建为契机来开展档案专题数据库建设，实际上能够提供档案专题数据库建设的优化方案。一是可对已有的档案专题数据库进行2.0版本升级建设，统一档案专题数据库之间的各类标准与规范，打通数据共享渠道；二是在新的标准与规范下对档案专题数据库进行建设，保证新旧一致；三是需要在数字化的基础上探索档案数据化建设。档案专题数据库的数据标准与规划包括但不限于资源分类方案、元数据标准、数据结构规范等。

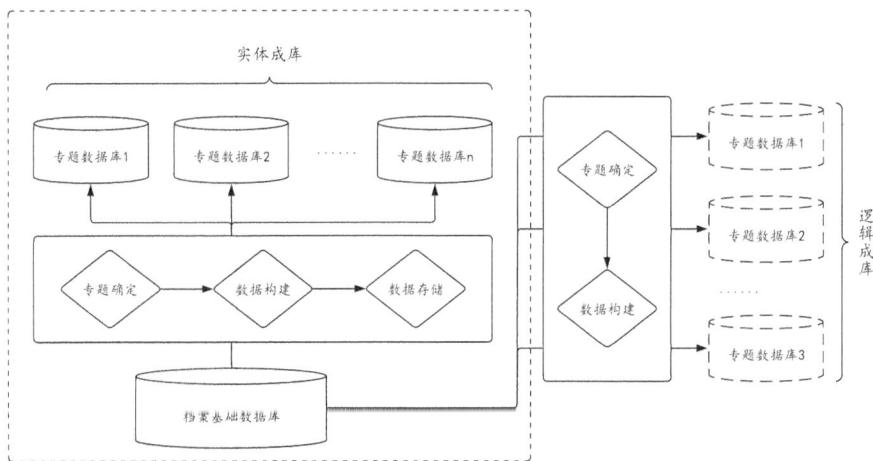

图 6-2　档案专题数据库体系（面向数字编研）

逻辑成库是一项即时性与拓展性工作，依托档案基础数据库，可以对相关专题资源进行反复的重组与重构，在逻辑上成库，而实际不成具体的库。逻辑成库主要面向具体的编研工作需求，能够对资源进行相对迅速、精准、全面的专题汇集，提供围绕编研选题匹配的初步资源概况。同时专题性资源汇集的情况也可提供馆藏资源的隐性脉络推荐，据此进一步开展实体成库建设，深化档案资源体系建设。

二、档案编研选题数据库设计

档案编研选题数据库的构建是对选题匹配分析的重要支撑。当前，在学术领域，已经有关于科研选题数据库的探索与实践，如万方选题数据库，为本书探索编研选题数据库建设提供了参考借鉴。万方选题数据库依托智能语义分析、机器学习、知识图谱等技术，具有回溯学术脉络、追踪研究前沿、拓展研究边界、挖掘新兴主题等功能，可以通过树状图、网络图、气泡图等可视化方法直观地提供关于某一学术性选题的全方位情况，能够让用户相对准确地对选题价值进行评估，并可以对选题进行细化和拓展。同时，万方选题数据库还开辟了"灵感池"板块，以年度为单位汇集期刊选题指南、社科基金指南、自科基金指南与国内时政热点（主要来自中央一号文件与政府工作报告），提供科研选题指导。

参考万方选题数据库构建的基本思想，结合档案数字编研模式运行需求，笔者认为，档案编研选题数据库的建设依托档案专题数据库，可以分为选题指导与选题分析两个板块进行建设，如图6-3所示。

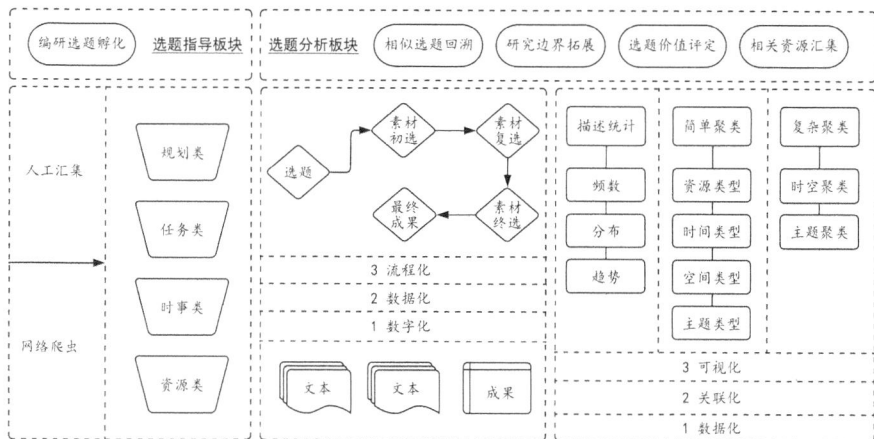

图6-3　档案编研选题数据库板块

1.选题指导板块

选题指导板块首要解决选题来源的问题，目的在于实现可持续性的编研选题孵化。总的来说，档案编研工作选题主要围绕服务党和国家大局、聚焦社会热点、立足馆藏三个方面进行策划。但是，落脚在具体的工作开展，选题分类更加细化，如沙敏（2018）在对北京市2013—2017年的编研成果分析时发现，选题主要涉及重大事件类、文化类、经济与城市建设类、人物类、文化景观类五类。在进行选题来源建设时，需要重点注意。值得指出的是，在调研中，当前档案馆多是根据工作计划来进行具体选题策划，较少有对选题来源进行汇集。其中成都市档案馆做出了一些创新的尝试，据编研利用处处长贾燕妮女士介绍，他们每周会对国内、成都相关时事进行搜集，形成成都一周新闻会，分发全馆工作人员参考。这也提供了档案编研选题的孵化池，由此，成都市档案馆能够保持每周一份资政专刊呈送市委，提供了较为常态化的资政支持。

总体而言，选题指导板块的数据来源可以分为以下几类。一是规划类，包括国家层面与地方层面的"十四五"规划以及档案"十四五"规划。二是任务类，如国家档案局下发的档案宣传工作要点。三是时事类（主要来自地方层面的新闻报刊）。四是资源类（主要是档案馆已经建设较为明确的特色资源，对应上文提到基于显性资源脉络的档案专题数据库）。其中，时事类的要点可利用网络爬虫技术进行定期抓取，以减轻人员的工作负担。

2.选题分析板块

选题分析板块核心在于能够提供选题的数据分析支持。这一数据分析主要由两个部分构成：一是已有相似选题，相似选题都使用了哪些资源，产生了什么成果，提供工作历程回溯；二是虽未有相似选题，但可获取这一选题可能涉及哪些资源，对资源进行基本的数据分析，并提供相关资源汇集。总的来说，选题分析板块的建设需要分两步走。

一是汇集以前的编研相关资料，对已有选题的相关资源进行数字化、数据化以及流程化处理。在调研中，笔者发现，很多编研工作的选题和选材都是作为单独的文档存在个人电脑里，缺乏有效的管理。这部分的资料事实上是编研工作开展的重要组成部分，可以拓展档案编研的立体空间，能够提供编研工作开展的多维方向。当前成都市档案馆在这一方面已有一定探索，构建了红色档案编研专题数据库，这一数据库以项目为单位，能够反映出从选题确立开始对素材初选、复选、终选的全过程。

二是在数据化、关联化、可视化相关技术的支持下，可利用算法模型构建数据统计分析的相关模板，实现相关资源的多种维度分析，主要包括描述统计、简单聚类与复杂聚类，可通过树状图、网状图、气泡图等多种可视化形式多维度直观呈现资源概况，为编研选题的价值评定提供数据依据。其中，对在编研选题之后形成的相关资源汇集，构成围绕某一选题编研工作开展的初步素材，为编研工作的成功开展提供了重要的数据基础。从这一角度而言，档案编研选题数据库与档案专题数据库具有关联性。

第三节　编研方法升级：故事化叙事技术模块

故事化叙事技术模块主要落脚在编研方法升级上。故事化叙事技术模块以"资源－要素"双层主题地图设计与上下文嵌入的档案叙事知识图谱设计为中心。

一、"资源－要素"双层主题地图设计

"资源－要素"双层主题地图设计面向"静态关联"的目标，通过引入主题地图技术从结构化、可视化角度探索故事性要素解析后的资源视图，提供了一个独立于技术平台之外的语义网，保证故事性要素可溯，并且可以实现故事性要素之间的关联，以及相关资源之间的关联。值得指出是，"资源－要素"单层主题地图的构建实际上是项目驱动的，呈现出多个主题

地图簇，其间各个主题地图簇之间的主题与资源都有一定关联。一方面，通过对已有编研成果进行数字化、数据化、主题化建设，可以倒推得到多个主题地图；另一方面，接续选题分析环节对资源的初选，可在本体驱动下，从概念、属性与实例三个方面对故事性要素进行构建，可得到新的主题地图。新旧主题地图的融合，能够在静态关联层面得到馆藏档案资源的结构化视图，提供故事化叙事参考。

如前所述，档案数字编研模式下档案的故事性要素解析为人物（代理）、事件、其他存在、时间与空间五类。由此，"资源－要素"双层主题地图基本构建流程如图6-4所示，主要包括数据清洗、本体构建、主题地图构建等步骤。

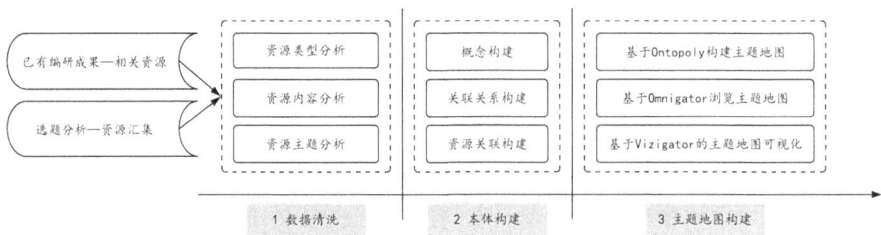

图6-4 "资源－要素"双层主题地图基本构建流程

第一步：数据清洗。对已有编研成果的相关资源而言，主要工作在于对资源的主题进行分析，了解各类资源使用的情况。对选题分析得到的资源而言，关于相关资源的分析已有 定基础，包括资源内容、资源数量、载体类型、资源质量等。但是，这些只是初选的资源，需要对其进行复选，在资源类型、资源内容、资源主题分析之上增删相关资源，方可进一步明确档案编研的相关素材，完成档案数字编研的初步选材工作。

第二步：本体构建。需要围绕人物（代理）、事件、其他存在、时间与空间五类故事性要素进行故事知识模型进行双层主题地图逻辑构建，主要包括本体类构建、关联关系构建以及资源关联构建等。关联关系是资源发现和资源扩展的重要基础（黄永文等，2011）。在数据挖掘中的关联规则方法，基本思想是如果两个概念经常出现在同一文档或同一段落或同一句中，则这两个概念必然存在一定的关系（张玉芳等，2010）。基于此明确故事性要素之间的关系，以及故事性要素与指向资源之间的关系。

第三步：主题地图构建。利用主题地图工具进行构建。主题地图构建离不开主题地图开发工具的支持。OKS（Ontopia Knowledge Suite）是挪威Ontopia公司开发的一组工具集，它支持开发各种类型的主题图。Ontopia Web编辑器框架（Ontopoly、Omnigator与Vizigator）等模块。其中，Ontopoly是一个本体驱动的，能够实现各种类型主题地图的手动创建与维护的主题地图编辑工具，包括两个部分：本体编辑器与实例编辑器。Omnigator使用基于标准http协议的简单客户端——服务器架构，提供索引页面，用于浏览与导航。Vizigator用于可视化主题地图，旨在帮助用户通过图形界面理解、导航和浏览主题地图。

二、上下文嵌入的档案叙事知识图谱设计

上下文嵌入的档案叙事知识图谱面向"动态聚合"的目标。"资源－要素"双层主题地图事实上已经对档案故事性要素进行了静态化的本体构建，基于此进行拓展，引入知识图谱技术，依托故事知识模型进行全面的实体关系抽取及构建，连点成线，连线成面，能够形成多维度数字编研知识单元网络，从中发现研编脉络及关联相关资源。根据不同利用需求，析出不同维度，形成不同需求下的编研知识图谱。以编研知识图谱为导引开展编研工作，有助于提高编研工作的整体效率。一方面，能够为形成更多形式的新型编研成果提供依据与基础；另一方面，编研知识图谱作为动态的呈现，本身就是一种更新型、更前沿、更能满足数字用户认知需求的数字编研成果形式。但是，实体与关系的细粒度化，可能带来部分语义的缺失。因此，在原有知识图谱构建的基础上，引入上下文，可增加更加丰富的关于实体与关系的信息，辅助档案故事化叙事。总体而言，探索上下文表示的节点化能够增强其嵌入档案叙事知识图谱构建的逻辑与语义基础。

从叙事角度来讲，一个故事主要由五个中心组成：多个事件、时间范围、空间、所涉及的任务或物体、它们之间的因果关系（Mayr，2018）。其中，事件是中心的中心。已经发布的事件本体模型包括事件本体（Event Ontology）与简单事件本体（Simple Event Ontology）等都提出了基本的以事件为中心的实体组织思路，提供给本书关于叙事知识图谱构建很多思考。上下文嵌入的档案叙事知识图谱构建的逻辑关键在于实体上下文化与关系上下文化。

首先，基于人物（C）、事件（E）、时间（T）、地点（S）、其他存在（OE）五维本体去解析档案资源，可以得到相应的档案标注实例。实体上下文化指的是对于具体的实例进行丰富化，五种类不同实例的上下文化逻辑如下：C（C-Property，HTML）、E（E-Property，HTML）、T（T-Property，HTML）、S（S-Property，HTML）、OE（OE-Property，HTML）。一方面基于实例本身构建属性描述框架，另一方面应用外部资源补充实体基本信息。

其次，关系的上下文化则体现在三个层面：来源上下文作为静态信息构成关系上下文化的第一个层面；标注实例与资源的包含关系构成关系上下文化的第二个层面；实体之间的关系细分为不同的关系，基于关系的推理性，可以用于发现更多相关联的实体与资源，从单份资源扩展到多份资源，构成关系上下文化的第三个层面。

基于上述讨论，上下文嵌入的档案叙事知识图谱构建框架如图6-5所示。

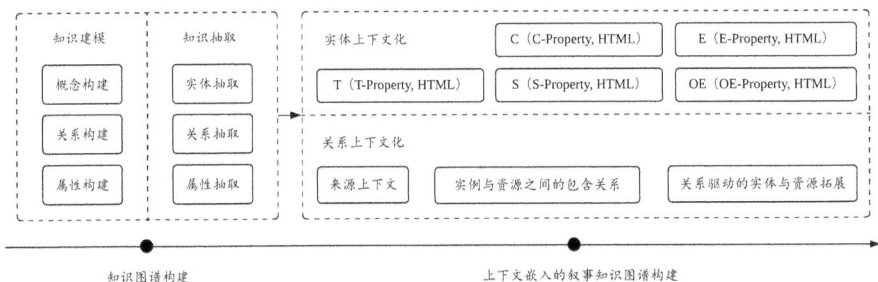

图6-5 上下文嵌入的叙事知识图谱构建框架

第四节 编研服务升级：叙事可视化技术模块

叙事可视化技术模块主要落脚在编研服务升级上。编研成果呈现除利用专题网页、视频、交互App等视觉方式对成果更好地呈现与展示外，还需要注重编研成果在可视化呈现中如何更好解释，以便受众更好地接收，这就涉及叙事或讲故事的问题。档案数字编研需要根据用户利用需求、编研数据特点、成果体例等，对叙事可视化技术进行探索，包括但不限于时间轴、幻灯片、视频、知识图谱等。

一、数字产品框架设计

数字产品框架可以认为是叙事排列后的结果，叙事可视化技术的应用主要在内容层面。如前所述，叙事排列主要表现为叙事性要素的建构，包括叙事时间、叙事空间与叙事主题三类。因此，以故事为中心、可视化为落脚，基于叙事可视化技术的数字产品框架可以分为两个维度进行构建：时空维度与主题维度。不同维度下的叙事可视化技术应用具有针对性与差异性，进而形成时空叙事可视化与主题叙事可视化两条核心路径，如表6-1所示。

表 6-1 基于叙事可视化技术的数字产品框架

以故事为中心		以可视化为落脚	
故事性线索解构与情节单元表示	档案–故事性要素–情节单元	时空叙事可视化	基于时空表示技术
			并列（对照）、动画（幻灯片）、叠加、时间轴、瀑布流、GIS地图、时空立方体等
叙事性要素建构与情节生成	情节单元–情节–故事化叙事	主题叙事可视化	基于知识图谱技术
			图文表示、故事图集、瀑布流、叙事图谱等

其中，时空叙事可视化路径主要基于时空表示技术，将时间和空间整合，面向叙事时间与叙事空间进行构建。有关时空表示技术的研究已有不少，如本杰明·巴赫（Benjamin Bach）与皮埃尔·德拉吉切维奇（Pierre Dragicevic）（2017）提出，时空立方体表示技术可以转变成不同的时空可视化（仅包括空间或时间的角度），通过展平、切割、移动与拉伸等操作，将多维数据集的3D形状转换为可读的2D可视化。伊娃·迈尔（Eva Mayr）与弗洛里安·温德哈格（Florian Windhager）（2018）进一步提出了五类时空表示技术，包括多个协调视图、动画或幻灯片放映、颜色编码的图层叠加、图层并列、时空立方体表示。同时，从历史角度提出了四种基于时空角度的叙事可视化视角：并列（对照）、动画（幻灯片）、叠加、时间轴。基于已有研究和实践，笔者总结，时空叙事可视化产品框架主要有并列（对照）、动画（幻灯片）、叠加、时间轴、瀑布流、GIS地图、时空立方体等。

主题叙事可视化路径具有显著的"实体-关系"特征，主要基于知识图谱技术将同一主题的内容聚合，构建知识图谱的形式来进行可视化表示。主题有抽象与具象两种阐释。其中，人物、事件等都可以统称为主题，是主题在具象化层面的体现；基于内容的总结与凝练，则属于主题抽象化层面的表达。这里所指的主题是广义的主题概念。档案叙事知识图谱时具有维度性，根据不同的维度如人物、事件、事件呈现出不同的中心、分布与走向。从而，基于不同维度的叙事知识图谱，能够实现不同主线的图谱应用与基于特殊类型知识图谱的故事化叙事研究。基于已有研究和实践，笔者总结，主题叙事可视化产品框架主要有图文表示、故事图集、瀑布流、叙事图谱等。

二、融媒体平台框架设计

融媒体平台设计关键在于传统媒体（线下）与新媒体（线上）的融合构建。不同的媒体影响成果最终的构建与展示方式，需要相应进行设计。当前，在传播领域，报、台、网、端、微是主要的五类媒体途径。鉴于档案数字编研模式也是以内容为核心的传播，重在挖掘档案的信息价值。因此，面向档案数字编研的融媒体平台框架主要包括专题网站、互动网站、微信公众号、报纸、电视与现场等形式，如图6-6所示。

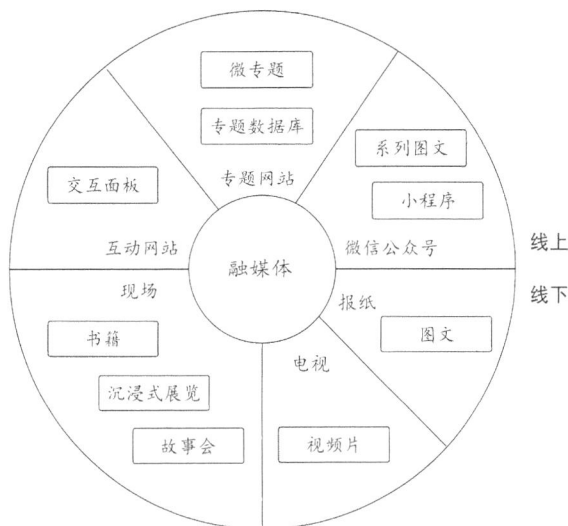

图6-6 面向档案数字编研的融媒体平台框架

其中，专题网站是档案数字编研成果呈现的主要方式，能够较为全面地对成果进行构建，并且能够实现多种数字产品（如时间轴、GIS地图、叙事图谱）的动态构建与呈现。这既是专题网站与其他静态型媒体（如报纸、书籍）的主要区别，也是专题网站的优势所在。

互动网站则从主体交互层面拓展了档案用户介入的可能性，关键在于交互面板的构建。交互面板预研提供推荐性主题，供用户选择；用户也可以自定义主题。根据主题反映的信息，自动推荐相关联的故事性要素，以及关联档案资源，作为故事化素材提供，用户可依据时间、空间、关系线索，根据需要采选、排序、整合，决定故事怎么讲，并可基于合适的叙事可视化框架形成数字编研产品。

微信公众号是档案数字编研成果传播的一个重要方式。当前，很多综合档案馆都建立了官方微信公众号，在档案数字编研模式支撑下，利用微信公众号能够较为精准地向用户传播系列型小、微编研成果。

报纸与电视虽然属于传统媒体，但因为有稳定的用户群体，也是档案数字编研成果传播的主要方式。报纸主要以图文形式的文章进行传播，电视主要通过播放视频片。

现场传播则可以有多种形式，书籍仍然是一类经典的方式，档案数字编研模式的构建对书籍类成果的赋能在于效率，能够极大地提升成果面世的效率。沉浸式展览在于多种数字化技术如虚拟现实技术的赋能，能够身临其境地感受成果。故事会则能直接提供档案编研工作者与用户的交流通道，能够通过真实讲故事的方式传播成果。

总体而言，新媒体（线上）是档案数字编研模式构建数字产品的主要传播媒介，档案数字编研模式对传统媒体（线下）传播的作用主要在于效率的提升。

本章对档案数字编研模式的技术架构再造进行研究，提出可从人机交互、选题匹配、素材发现和叙事构建、成果呈现四个方面进行技术选型，在技术选型的基础上，提出档案数字编研模式的技术框架。其中，档案数字编研平台技术模块面向人机交互，是档案数字编研模式运作的起点；数字故事化技术模块面向档案编研对象升级，包括档案专题数据库体系设计与档案编研选题数据库设计两个内容，支撑选题匹配；故事化叙事技术模块面向编研方法升级，包括"资源–要素"双层主题地图设计、上下文嵌入的档案叙事知识图谱设计两个内容，支撑素材发现与叙事构建；叙事可视化技术模块面向编研服务升级，包括数字产品框架设计、融媒体平台框架设计两个内容，支撑成果呈现。

档案数字编研模式的应用探索

　　档案数字编研模式的提出与构建，给档案部门更好地开发利用档案、更有力地支撑各项工作提供了一套创新的方法论。习近平总书记指出，"推动中华优秀传统文化创新性转化、创造性发展""让收藏在博物馆里的文物、陈列在广阔大地上的遗产、书写在古籍里的文字都活起来"。当前，档案数字编研模式研究仍处于起步阶段，离完全实现任重而道远，尚无综合性的案例能够百分百对其进行验证。但是从方法论角度而言，本书所提出的档案数字编研模式的业务逻辑与技术架构等已在一些场景有所应用，能够部分验证本书的观点。本章关注档案数字编研模式作为一套解决方案，在不同场景下、面向不同类型档案数据的具体应用，以推动档案数字编研模式从理论到实践的闭环研究。本章所探讨的三个应用场景，苏州丝绸档案的数字故事化探索为探索性构建，吴宝康人物档案的故事化叙事与安徽大学历史照片档案的叙事可视化为验证性构建。探索性构建主要在概念层面进行设计，验证性构建则在实践层面得到转化。

第一节　遗产价值创新转化：苏州丝绸档案的数字故事化

　　丝绸作为中国文化的重要物质表现，具有重要的文化表征意义与多维信息价值。丝绸样本档案是丝绸文化与丝绸记忆的重要载体。现存最完整的丝绸样本档案——苏州丝绸样本档案，是中国乃至世界珍贵的档案文献遗产。苏州丝绸档案，就是苏州丝绸产业在技术研发、生产管理、营销贸易、对外交流过程中直接形成的、由纸质文图和丝绸样本实物组成的，具有保存价值的原始记录（卜鉴民，2017）。与苏州丝绸产业发展轨迹一致，这些档案的形成时期多为近现代。目前，苏州市工商档案管理中心、苏州中国丝绸档案馆馆藏29592卷近现代苏州丝绸档案（其中，样本302841件）。这些丝绸档案涵盖了绫、罗、绸、缎、绉、纺、绢、葛、绨、纱、绡、绒、锦、呢等十四大类织花和印花样本，其中既有中国"锦绣之冠"宋锦，又有享有"塔王美誉"的塔夫绸（见图7-1）（卜鉴民，2017）。2015年5月，"近现代苏州丝绸样本档案"入选第四批《中国档案文献遗产名录》；2016年5月，"近现代苏州丝绸样本档案"入选《世界记忆亚太地区名录》；2017年10月，"近现代中国苏州丝绸档案"入选《世界记忆名录》。

申遗成功后，为讲好丝绸档案故事，加强对苏州丝绸档案文献遗产的认识，传承丝绸文化，苏州市工商档案管理中心在档案编研层面开展了许多探索，出版《近现代中国苏州丝绸档案画册》、举行"锦绣江南 古韵今辉——近现代中国苏州丝绸档案展"等。但是，据调研可知，苏州丝绸档案文献遗产在数字环境下的编研几乎没有更多的研究，仅是在成果的传播路径上探索了数字手段的简单应用（谭必勇，2018；陈鑫等，2020）。随着数字技术的快速发展与广泛应用，文献遗产传播与用户接受的路径从传统转向数字，既要求成果传播的数字赋能同时也要求内容并发的数字赋能，即通过对数字技术的应用，对文献遗产内容进行深入挖掘，实现文献遗产内容与成果的数字活化、进而实现价值创新转化。《"十四五"全国档案事业发展规划》明确提出"深入推进档案对外交流合作，提升国际影响力和贡献力"，并将档案文献遗产影响力提升工程列为"十四五"时期档案事业重点发展的七大工程之一，这为我国参与联合国教科文组织世界记忆项目、提升档案文献遗产影响力提供了明确指引（王红敏，2022；国家档案局交流合作司，2021）。因此，探索档案数字编研模式在苏州丝绸档案文献遗产数字故事化上的应用，具有一定的现实价值，希冀能为苏州丝绸档案数字故事化工作开展提供一点借鉴与参考。

图 7-1 苏州丝绸档案样例（左为塔夫绸、右为像锦）

一、应用要点：专题数据库构建与数字故事化路径构建

档案数字编研模式在苏州丝绸档案数字故事化中的应用要点主要在于专题数据库的构建与数字故事化路径的构建。其中，专题数据库的构建主要面向档案载体，旨在实现丝绸档案未来长久可用与当下深度利用，提供"整合性"资源基础支撑数字编研构建；数字故事化路径的构建主要面向丝绸文化，旨在实现扩大认识与创新传承的目标，提供"延展性"故事空间深化数字编研成果。值得指出的是，专题数据库的构建是苏州丝绸档案数字故事化探索的前提基础，而数字故事化路径的构建是苏州丝绸档案数字故事化探索的重点内容。

1.面向数字编研的苏州丝绸档案专题数据库构建

当前，苏州丝绸档案在专题数据库建设已有一定探索。调研可知，苏州丝绸档案数字化工作稳步推进，并已开展了馆藏像锦档案、旗袍档案、丝绸口述档案等专题数据库建设。但是，目前的专题数据库建设更多表现为一个"存"的作用，主要任务在于实现苏州丝绸档案从"模拟态"到"数字态"的转化，检索功能较为有限，找不到、找不全、找不准的问题比较突出，数据库之间缺乏关联，档案数据之间缺乏关联，基于专题数据库的深度开发利用也较为有限，亟须开展优化建设。为此，笔者提出可在档案数字编研模式应用的契机下，面向数字编研优化专题数据库建设。

面向数字编研的苏州丝绸档案专题数据库基于基础数据库构建。基础数据库层以苏州丝绸档案馆藏数字化副本为主，涵盖文本、图像、音频、视频、3D模型等模态资源。从调研实际可知，目前关于苏州丝绸档案数字化规范与元数据管理仍是重要瓶颈与重点内容。数字化规范建立的目的，在于探索面向多模态档案资源的有针对性数字化方案；元数据管理旨在以用促建，基于本体进行元数据体系构建。专题数据库构建则分两步走，首先分析挖掘丝绸档案中的故事性要素及其关联关系，构建丝绸档案本体；其次通过本体实现自顶向下的知识图谱构建，将结构化的知识数据与非结构化的丝绸档案实现关联，构建具有语义关系的苏州丝绸档案专题数据库。苏州丝绸档案专题数据库具有可扩展性，依托苏州丝绸档案基础数据库，可以对相关专题资源进行反复重组与重构，即专题数据库可以在逻辑上成库，而实际不成具体的库。以需求为驱动，专题知识资源的灵活生成能够为苏州丝绸档案进一步故事化编研利用提供基础。

2.双线驱动的苏州丝绸档案数字故事化路径构建

目前尚无直接关于苏州丝绸档案数字故事化的研究，包括数字化开发利用的研究。值得指出的是，苏州丝绸档案作为文献遗产，也是文化遗产的重要延伸与重要组成部分，而数字故事化在文化遗产领域研究颇多，取得了很多成果。总体来说，已有研究虽扩大了文化遗产开发利用的场域，构建了可实践转化的方法，但也有一些不足。在研究对象层面，现有数字故事化研究少有专门针对文献遗产的研究，多是针对"活态"的物质文化遗产或非物质文化遗产。在研究方法层面，现有数字故事化研究多是从"外部"工具的角度进行故事化实现探讨，很少涉及"内部"资源的重构与组织；多是从叙事学的角度进行故事化构建，很少从资源的角度（这在本书中主要指的是档案文献遗产）进行故事化构建。这为本书提供了一定的研究空间。

鉴于档案数字编研模式理论要素部分提到数字故事化主要从一头一尾对档案数字编研的输入与输出进行重构。基于此，笔者提出，苏州丝绸档案数字故事化路径围绕两个核心进行构建：基于内容的数字故事化与基于结构的数字故事化。自底向上，苏州丝绸档案数字故事化框架如图7-2所示，形成了叙事学视角下的"故事素材发现-故事要素组织-数字故事生成"与档案学视角下的"数字化-数据化-图谱化-故事化"两条路径。

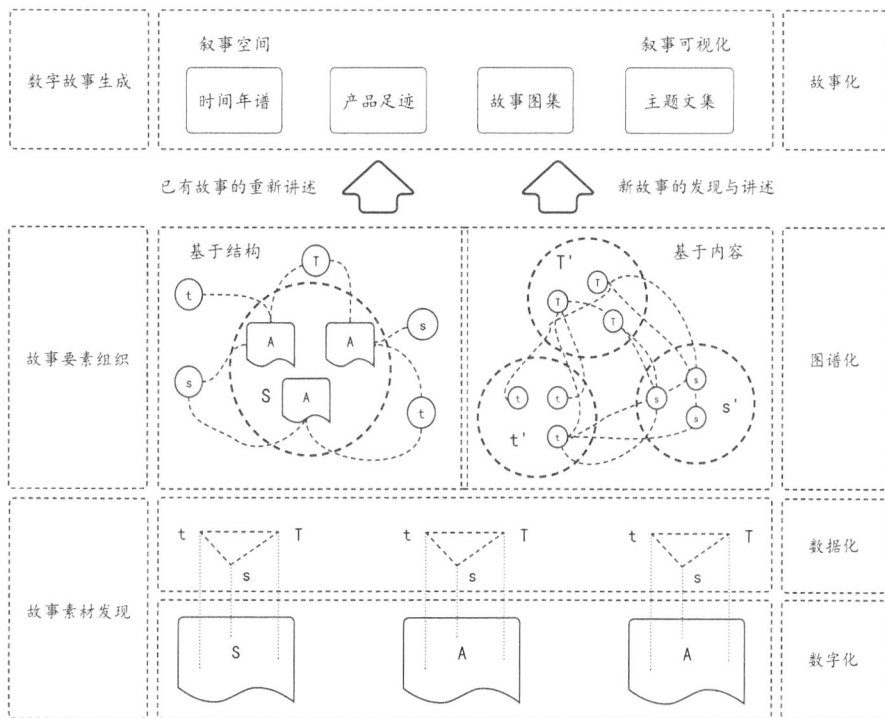

图 7-2　苏州丝绸档案数字故事化框架

在故事素材发现阶段，关于苏州丝绸档案及档案故事的数字化与数据化是重点。其中，苏州丝绸档案数字化是重要前提。目前苏州市工商档案管理中心实现部分丝绸档案的数字化，但数据化工作尚未起步。由于丝绸档案具有多模态特征，这种特征不只体现在总体档案组成上还体现在单份档案的构成上，丝绸档案数字化难度较大。目前已经数字化的丝绸档案，仅是做了一个数字备份，数字化效果一般，丝绸档案的样本纹样对像素要求较高，清晰度难以满足深层开发需求。因此，笔者提出在充分数字化的基础上对苏州丝绸档案数字化副本以及完成开发的故事开展进一步的数据化工作，数据化的关键主要在于提取苏州丝绸档案或故事中蕴含的时间要素、地点要素以及主题要素，形成"资源-要素"的两层集合。

在故事要素组织阶段，引入知识图谱技术对故事素材进行组织。知识图谱通过实体、边对数据进行组织，能够形成关于苏州丝绸档案内容及故事的直观建模，即叙事链，为苏州丝绸档案数字故事化提供全局、可视化的工作支持。基于知识图谱技术的故事素材组织同样根据两层要素集合形成两层的叙事图谱结构：一是基于内容；二是基于结构。其中，基于内容的苏州丝绸档案叙事知识图谱形成时间、地点和主题三个聚类，能够根据不同的要素组合关联相关的资源；基于故事的苏州丝绸档案叙事图谱以故事为核心依据关联时间、地点和主题要素以及资源。

在数字故事生成阶段，关键在于通过什么逻辑形成"新的"数字故事。无论是基于结构的还是基于内容的数字故事化，在上一阶段都只是提供了内容，对如何组织与呈现尚未进行考虑。在这一阶段，主要是对叙事可视框架进行选择和构建，最终形成不同的"数字故事"。值得指出的是，在叙事学与档案学双视角下，苏州丝绸档案数字故事化不是完全生成"新的"故事，而是既包括数字环境下新丝绸档案故事的发现以及重新讲述，也包括已有丝绸档案故事在数字环境下的重新讲述。

总而言之，本书所指的苏州丝绸档案数字故事化包含以下两个内容。

"新瓶新酒"：基于内容的数字故事化。假设尚无丝绸档案故事，能够通过数字故事化发现新的故事脉络，形成新的故事，通过不同的叙事逻辑加以呈现，实现同一个故事的不同讲述，形成不同的叙事。图7-3显示了一个叙事的生产过程。在叙事链部分，这里以任意两份苏州东吴丝织厂塔夫绸档案为例进行说明，可以看出，这两份档案与其相关的（时间、地点、主题）要素形成了关联叙事图谱。基于此，根据相关要素的发展与引申，与叙事可视化框架结合，可以推动叙事空间的构建。例如，以其中的一个时间节点"1981年英国王室为筹备王子婚礼向中国购买十四匹塔夫绸"作为叙事起点，具体而言，可以基于地点（中国苏州）、主题（素塔夫绸、丝绸贸易等）进行延伸，生成可能的叙事，并选择合适的叙事可视化框架加以呈现。例如，基于地点延伸的故事，可以采用GIS足迹的方式，对地点故事进行组织，在视觉上具有直观性，同时通过空间的移动可反映时间的流动，使故事的讲述兼具动态性与层次性；基于主题延伸的故事，则具有更多的空间，如构建塔夫绸外贸故事图集、主题文集等。

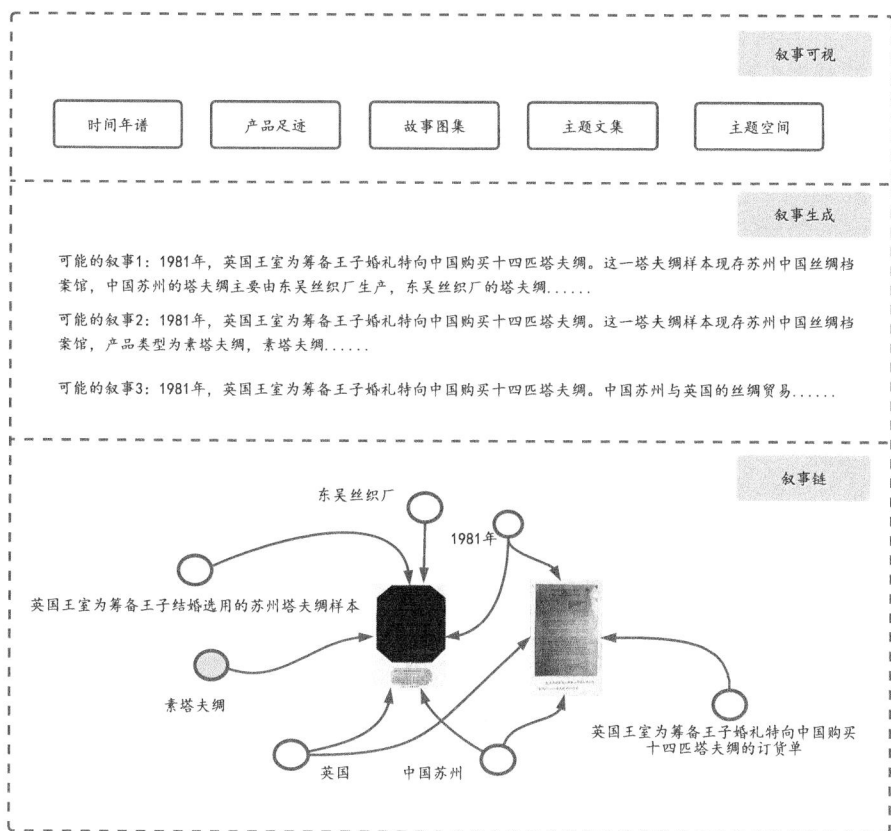

图7-3 "新瓶新酒"：基于内容的数字故事化（叙事生产）

"新瓶旧酒"：基于结构的数字故事化。假设已有丝绸档案故事，通过数字故事化赋能创作同一个故事的不同讲述，实现可能的叙事与具体的叙事可视化方式的排列组合，形成不同的叙事。具体而言，基于结构的数字故事化是一个重新创建叙事流的过程，即重构叙事。将一个流传甚广的故事作为引子开启叙事的空间，能够迅速拉近与用户的认知与心理距离，从而实现苏州丝绸档案推广传播的良好效果。图7-4显示了一个叙事的重构过程。这里以《丝乡苏州》专题片切入，从时间、地点、主题三个方面解析其叙事链，从而为数字故事化提供充分的基础。不同的数字故事化叙事体现应为可能的叙事与具体的叙事可视化方式的排列组合。其中，可能的叙事依托已有的故事，通过对叙事要素和档案的增删、重组形成新的故事；具体的叙事可视化方式则为既定的一些模板，如时间年谱、故事图集、产品足迹等。档案部门能够从这一故事出发梳理相关档案，根据用户需要，减少冗余信息输出，以故事化的方式呈现清晰、适量的关于苏州丝绸档案的信息。在此基础上，根据相关叙事可视逻辑对叙事进行呈现，匹配合适的模板，最终形成不同的数字故事化叙事，如塔夫绸产品足迹、东吴丝织厂故事图集等。

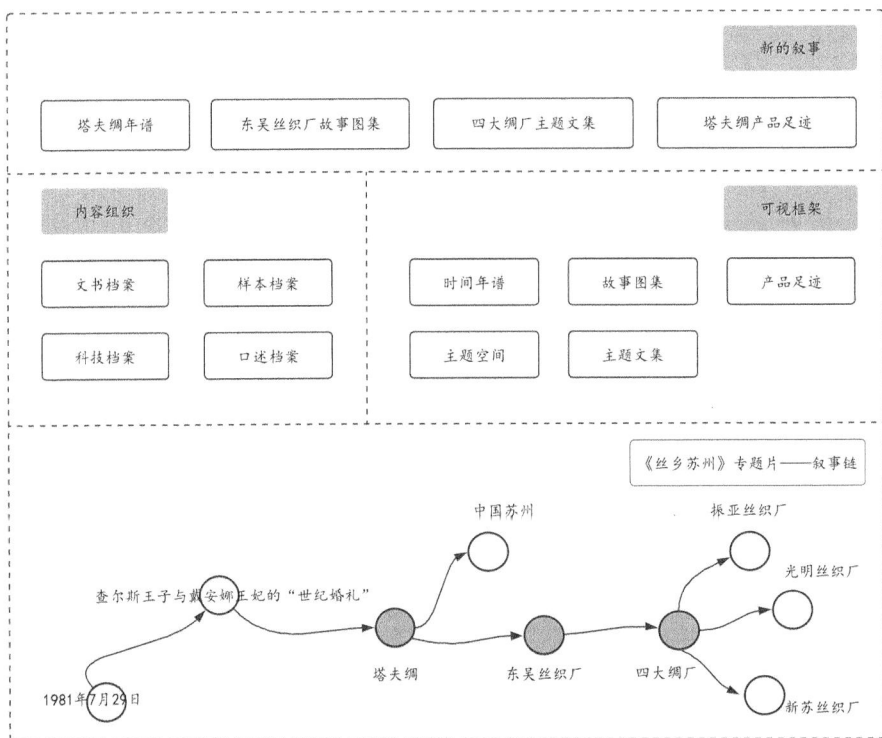

图 7-4　"新瓶旧酒"：基于结构的数字故事化（叙事重构）

　　对"新瓶新酒"和"新瓶旧酒"的思路进一步整合，笔者提出叙事空间的概念。叙事空间指的是不同载体、不同形态的故事化叙事的一个集合，包括可能的叙事与叙事可视化框架。叙事空间的提出其实是针对档案故事化的特点：多元。通过档案及其使用，讲故事的周期不断，出现了多个角色和观点，故事的结局不同（Zanish-Belcher，2019）。因此，根据叙事脉络以及叙事可视化框架不同，事实上可以将叙事空间分为物理叙事空间与主题叙事空间。其中，物理叙事空间秉持"丝绸档案就是文化体现"的认识，主要关注丝绸实体的属性，目的在于让"丝绸"讲故事，发挥丝绸档案历史的艺术价值，以"资源"为主线构建故事脉络。主题叙事空间秉持将"丝绸档案作为文化载体"的认识，主要关注载体之上的内容，重点在于挖掘背后的历史与文化。将载体之上的内容解析为时间、地点、主题三要素，在此基础上进行要素的重构和排列，以"要素"为主线构建故事脉络。物理叙事空间与主题叙事空间互为支撑。具体而言，物理叙事空间占主导时，资源是主线，时间、地点、主题为副线；主题叙事空间占主导时，时间、地点、主题任一为主线，其他为副线，资源为辅助。概括而言，物理叙事空间聚焦丝绸档案的载体属性，凸显丝绸实体叙事功能，运用一定的数字手段实现数字故事化；主题叙事空间聚焦丝绸档案的内容属性，通过时间、地点、主题三类要素的组合和叠加实现数字故事化。叙事空间的构建，事实上既明确了新的故事讲述和故事的重新讲述在故事化阶段的具体组织逻辑，也为叙事可视框架的选择提供了依据。

二、应用成效：创新推动档案价值发现，增强文献遗产认识与影响

鉴于苏州丝绸档案的数字故事化应用属于概念层面的设计构建，目前尚未在系统层面完成验证。为了论证这一思路的科学性与可行性，笔者邀请了10位来自苏州市工商档案管理中心、苏州中国丝绸档案馆工作人员以及中国人民大学信息资源管理学院（档案学院）的档案学专业教师，对本书提出的数字故事化思路进行了讨论和评价。他们的研究方向集中在文献遗产保护、档案开发利用方面，能够为研究提供较为专业、客观的角度。

笔者采取了开放式的用户意见获取方式，通过给以上人员介绍本书苏州丝绸档案数字故事化思路的依据、主要内容以及可能的结果，获取用户对这一思路的基本评价（包括优缺点）。在此基础上，笔者对用户及意见进

行了编码、分类、汇总，从中提取关键词句，形成用户反馈。

通过对评价意见的分析与整理发现，用户对苏州丝绸档案数字故事化思路的正面评价，主要集中在拓宽传统故事化思路和全面的数字故事化构建上，如"用户1"认为"该研究展示了苏州丝绸档案数字故事化的魅力和可行性，尤其是基于内容与基于结构两个层次的应用，能够充分利用档案馆已有的成果，并在丝绸档案数据的可持续开发利用中产生新的观点、新的成果与新的话语"。"用户6"认为"叙事空间融合了可能的叙事以及可能的呈现，在排列组合中，能够实现呈现的翻倍效果，这着实打开了传统故事化的思路。传统故事化一般就是一个故事一种呈现方式，数字故事化能够基于用户的不同层次、不同知识结构、不同利用需求，实现多维度、精准化、个性化的服务提供"。但同时，一些用户也提出了一些负面评价，主要集中在数字故事化思路的可行性上，并提出了下一步研究的建议。"用户3"指出，"数字故事化的开展需要有充分的前期准备与基础，目前苏州市工商档案管理中心、苏州中国丝绸档案馆在这方面尚未具备充分的条件"。"用户9"提出"作者应在技术实现与系统构建层面开展进一步的研究，以促成苏州丝绸档案数字故事化思路的落地"。

总体来说，探索档案数字编研模式在苏州丝绸档案数字故事化方面的应用，不仅为苏州丝绸档案的数字开发利用提供了新的思路，而且丰富了文献遗产数字保护与传承的思路，创新推动档案价值发现，扩大文献遗产的认识和影响。

第二节　红色文化基因传承：吴宝康人物档案的故事化叙事

档案与红色叙事紧密相关。在中国共产党领导下兴起与开展的档案事业具有鲜明的红色属性，真实记录了中国共产党百年奋斗历程。蕴含党的初心使命的红色档案是红色资源的重要组成，管好用好红色档案是讲好百年来中国共产党人坚守初心使命故事的重要内容。做好红色档案编研工作是讲好红色故事的重要部分，能够为红色叙事提供方向保证、丰富素材、关键方法与主流声音。

2021年7月6日，习近平总书记对档案工作作出重要批示，强调要把蕴含党的初心使命的红色档案保管好、利用好。这对红色档案的管好用好提出了新的要求，各地档案部门红色档案编研利用热情高涨，但是当前红色档案开发利用存在一个共通的问题是：遵循传统的模式，路径不甚明晰，方法不甚明朗，亟须开展创新研究。在此背景下，本书面向红色档案人物吴宝康先生，开展档案数字编研模式应用，探讨情节驱动与上下文应用的人物档案故事化叙事路径构建，以为红色文化基因传承提供一些思路。

吴宝康先生是中国档案教育与档案学的重要开拓者和奠基人。吴宝康先生作为中国档案教育与档案学的重要开拓者和奠基人，其人物档案在湖州市南浔区档案馆、中国人民大学档案馆、中国人民大学信息资源管理学院（档案学院）资料室均有保存。探讨吴宝康先生的人物档案故事化叙事实现，能够活化吴宝康先生人物档案，进一步为支撑人文研究、勾勒还原吴宝康先生的生平以及新中国档案事业发展的峥嵘岁月记忆等提供依据。

一、应用要点：情节驱动与上下文应用的故事化叙事构建

档案数字编研模式在吴宝康人物档案故事化叙事中的应用要点主要在于情节驱动与上下文应用。其中，情节驱动的故事化叙事构建旨在从结构角度厘清故事化叙事构建的路径，上下文应用的故事化叙事旨在从聚合角度明确故事化叙事构建的方法。

1.情节驱动的故事化叙事构建

情节驱动的故事化叙事路径已有论述，主要包括故事性要素解析与情节单元组织、叙事性要素分析与情节生成两个阶段。在业务逻辑建构部分，故事性要素解析、情节单元组织、叙事性要素分析、情节生成在分析时也对吴宝康人物照片档案进行了说明。因此，这里笔者综合之前的分析，从

单份人物照片档案切入，进一步说明情节驱动的故事化叙事构建思路。

以单份照片档案为分析对象，如图7-5所示，显示的是"吴宝康与苏联专家谢列兹涅夫在颐和园合影"及其系统著录信息，涉及照片题名、类目、描述、版权信息、编码、出处等基本描述信息。

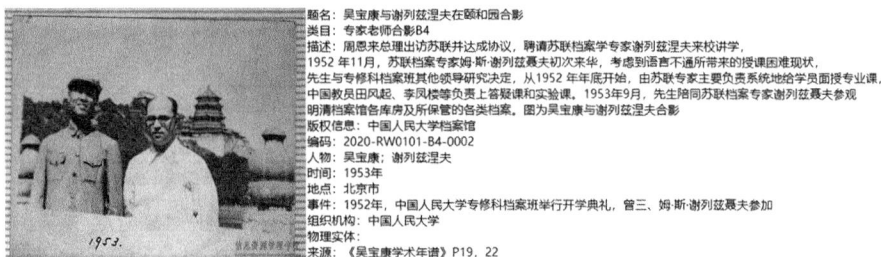

题名：吴宝康与谢列兹涅夫在颐和园合影
类目：专家老师合影B4
描述：周恩来总理出访苏联并达成协议，聘请苏联档案学专家谢列兹涅夫来校讲学，1952年11月，苏联档案专家姆·斯·谢列兹涅夫初次来华，考虑到语言不通所带来的授课困难现状，先生与专修科档案班其他领导研究决定，从1952年底开始，由苏联专家主要负责系统地给学员面授专业课，中国教员田凤起、李风楼等负责上答疑课和实验课。1953年9月，先生陪同苏联档案专家谢列兹涅夫参观明清档案馆各库房及所保管的各类档案。图为吴宝康与谢列兹涅夫合影
版权信息：中国人民大学档案馆
编码：2020-RW0101-B4-0002
人物：吴宝康；谢列兹涅夫
时间：1953年
地点：北京市
事件：1952年，中国人民大学专修科档案班举行开学典礼，曾三、姆·斯·谢列兹涅夫参加
组织机构：中国人民大学
物理实体：
来源：《吴宝康学术年谱》P19，22

图7-5 照片档案及其著录信息（吴宝康与苏联专家谢列兹涅夫在颐和园合影）

根据前文所述，可以通过自动或人工提取单份照片档案的故事性要素如表7-1所示。

表7-1 "吴宝康与苏联专家谢列兹涅夫在颐和园合影"照片档案故事性要素

类别	元素	具体信息
故事性要素	事件	吴宝康与苏联专家谢列兹涅夫在颐和园合影
		（隐含事件）苏联专家来华讲学
	人物（代理）	吴宝康；谢列兹涅夫
	其他存在	塔
	时间	1953年
	空间	（狭义）颐和园；（40.0000° N,116.2755° E）

在多份照片档案故事性要素提取的基础上，可以实现吴宝康照片档案事件情节单元表示。以"吴宝康与苏联专家谢列兹涅夫在颐和园合影"这一事件故事性要素为例，分析可知，"吴宝康与苏联专家谢列兹涅夫在颐和园合影"是一个末点事件，其还包括了前置事件：1952年吴宝康与夫人程桂芬合影、1952年中国人民大学成立档案教研室、1953年中国人民大学专修科档案班第一期毕业合影等，这些事件构成了主题为"创建"的鱼骨形事件情节单元；场景情节单元由具体的时间、地点与照片档案共同组成，

可表示为1952年的颐和园。值得指出的是，场景情节单元重点不落在命题，而是在于照片档案所能提供的画面感，"吴宝康与苏联专家谢列兹涅夫在颐和园合影"这一份照片档案是场景情节单元表示重要的组成部分。实体情节单元以"1952年中国人民大学档案教研室主任任命书（手写版）"为例，除需要标记与展示这是一份任命书外，还需要展示其中的内容，意即"为使专修科档案专修班教学工作顺利开展，中国人民大学成立档案教研室，决定由吴宝康先生任专修科档案班班主任兼档案教研室主任"。

在情节单元表示的基础上，基于叙事性线索进行建构，可形成不同的情节叙述。为反映三种情节结构在反映同一个故事时的区别与联系，本书仍以"创建"为主题，分别基于时间、空间、主题线索进行情节生成，情节叙述总览如图7-6所示。其中，鱼骨形情节结构一般以年谱形式呈现，花瓣形情节结构一般以足迹形式呈现，蛛网形情节结构一般以图集形式呈现。

情节结构	情节生成	情节叙述	情节可视化
线性结构	 创建	1952年，吴宝康先生奉调北京，夫人程桂芬同往。先生任中共中央办公厅秘书处副处长，并被派往中国人民大学创办档案高等教育。11月19日，中国人民大学成立档案教研室，先生任专修科档案班班主任兼档案教研室主任。	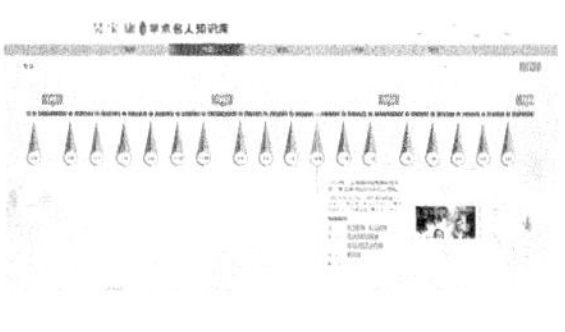
画面结构	北京 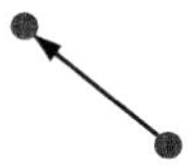 上海	1952年，吴宝康先生从上海前往北京，夫人程桂芬同往。先生任中共中央办公厅秘书处副处长，并被派往中国人民大学创办档案高等教育。	
网络结构	邀请 任命  创建	1952年8月，周恩来率中国政府代表团访问苏联，亲自出面聘请专家来华授课。1952年10月，国立莫斯科历史档案学院讲师姆·斯·谢列兹涅夫应邀来华，协助中国人民大学创办档案专修班。吴宝康先生奉调北京，被派往中国人民大学创办档案高等教育。	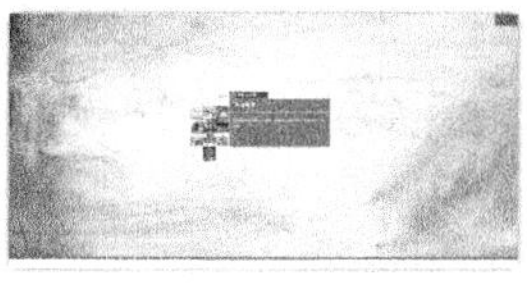

图7-6 情节叙述总览

2.基于上下文知识图谱的档案故事化叙事

前文提到，上下文嵌入档案叙事知识图谱构建的逻辑关键在于实体上下文化与关系上下文化，并构建了实体上下文化与关系上下文化的基本逻辑。以图7-7（题名：国家档案局局长曾三同志视察中国人民大学档案学科建设）这一照片档案为例，基于半自动方法（人脸检测、对象检测等加上人工标注）对照片档案内容进行了识别，既包括照片本身，也包括其元数据信息，得到这一照片档案相关的人、事、时、地、物等实例，如图7-8所示。对这一资源标注的实例进行上下文化处理，得到相关联的上下文信息，如图7-9所示。

图7-7　时任国家档案局局长曾三同志视察中国人民大学档案学科建设

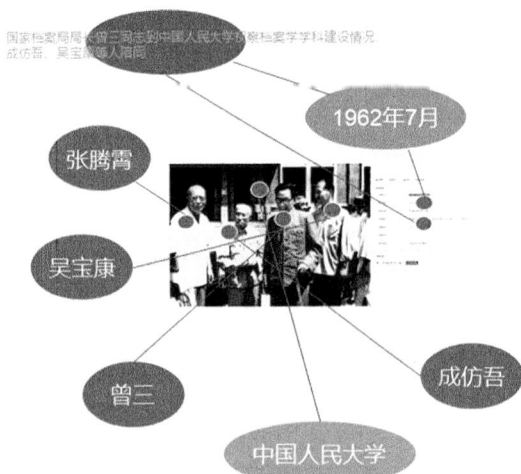

图7-8　实体识别

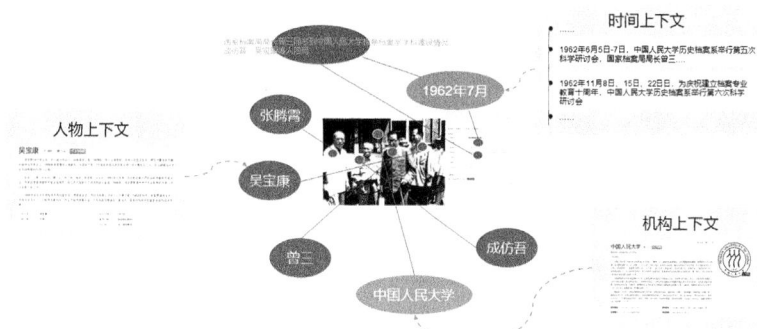

图 7-9　实体上下文化

对这一资源实例之间的关系进行上下文化处理，得到相关联的上下文信息与脉络，如图7-10、图7-11所示。

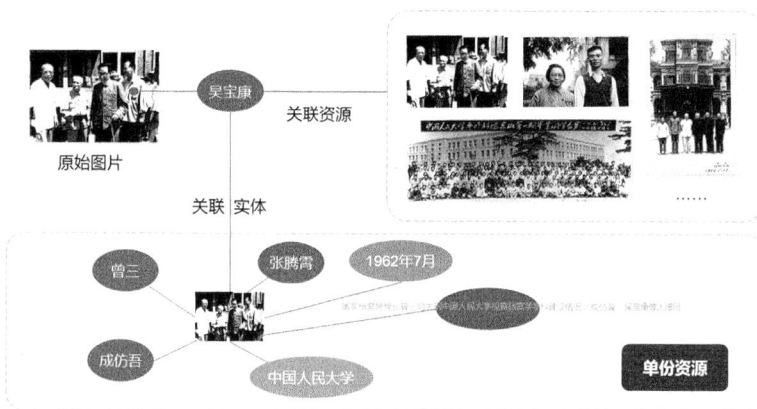

图 7-10　关系上下文化（1）

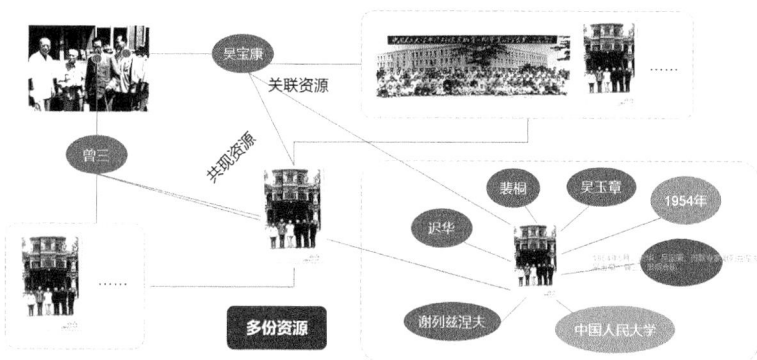

图 7-11　关系上下文化（2）

基于上下文知识图谱的照片档案叙事实现思路受到实体与关系动态影响，其叙事模式主要体现在实体聚合与关系驱动上。

实体聚合叙事能够以不同实体为主线，关联实体、关联资源，其基本逻辑在于同一个实体（如人物）的实例是被很多份照片档案资源所标注，因此聚焦单一实体共现，能够得到丰富的照片档案资源。另外，聚焦某一份照片档案资源，可以得到相关联的图像知识图谱，实现叙事素材的汇集。以吴宝康这一个人物实例为例，首先发现关联的资源，即吴宝康这一实体还在哪些照片里出现，进而可以针对给定的这一张照片，关联其他实体，如图7-12所示。通过实体聚合叙事知识图谱，可以获取相应的叙事组成，包括吴宝康相关的事件实例聚合，以这一事件为中心的事件知识图谱，以及通过人物、机构等关联所得的事件实例等。

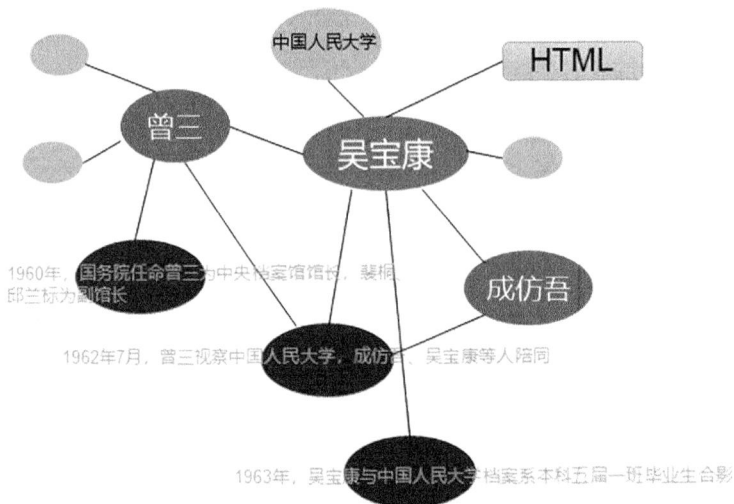

图 7-12　实体聚合叙事

关系驱动叙事主要在于两个层面：一是对两个实体之间的关系，以人物为例，A与B是师生，B与C是师生，可以认为A与C是师生，自然存在继承关系；二是两个实体分别关联实体、资源，能够通过关系驱动，获得一张较大的知识图谱网络，并且能够实现叙事脉络发现。以吴宝康与曾三为例，作为人物实体，首先就可以得到这两个实体关联的其他资源，其次考虑到吴宝康与曾三的关系，可以得到他们的共现资源，进而得到这个资源的相应关联的实体，如图7-13所示。通过关系驱动叙事知识图谱，可以获取相应的叙事组成，包括吴宝康与曾三相关的人物关系图谱，以围绕吴宝康与曾三人物关系的关系事件以及共现资源等。

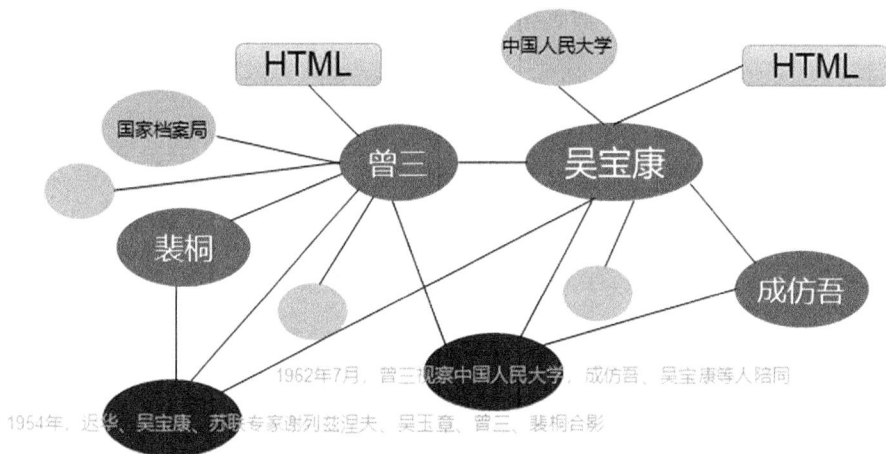

图 7-13　关系驱动叙事

二、应用成效：有效促进红色叙事构建，拓展党史学习教育新载体

吴宝康人物档案的故事化叙事已在实践方面得到验证。笔者所在的研究团队构建了吴宝康学术名人知识库，其中就有故事化叙事思路的实现。

情节驱动的故事化叙事构建思路主要在三个方面得到验证：一是大事时间轴。吴宝康学术名人知识库构建了大事时间轴，既呈现吴宝康一生中的大事，同时也将档案学发展事件与吴宝康先生个人事件相对应，突出在中国特色档案学科建设中吴宝康先生的贡献。二是人物行迹图。吴宝康学术名人知识库将吴宝康先生行程与GIS地图相关联，在地图上既可按时间呈现吴宝康先生的个人行迹，也可直接浏览某个地点发生了什么事、有什么故事。三是故事图集。吴宝康学术名人知识库一方面围绕吴宝康关键人生节点如求学、实习、工作、退休后等进行了故事图集构建；另一方面，围绕档案学科创建、初立、发展等关键节点进行了故事图集构建。

上下文应用的故事化叙事构建思路主要在三个方面得到验证：一是知

识发现平台。通过实体上下文化，实现资源的关联检索和智能问答。二是社会交往图谱。通过关系上下文化，呈现吴宝康的学术师承脉络，实现关系驱动叙事。

总体来说，情节驱动与上下文应用的故事化叙事思路有效促进了吴宝康人物档案的内涵挖掘与价值发现，推动基于档案的红色叙事构建。通过构建吴宝康学术名人知识库则更加广泛地促进了红色叙事的传播，并且提供了党史学习教育的新载体，创造性开展党史学习教育工作，"利用档案来回溯过往、追思故人、感念党恩、知悉党情，将使党史学习教育言而有据、诉而有道、叙而有理"（徐拥军与郭若涵，2021）。因此，以建立该数据库为契机，既能学习吴宝康一生为党为国为民的精神，又能将其打造成档案学虚拟教学系统和在线党史学习教育的主阵地，为今后常态化开展"四史"学习提供资源。

第三节　高校文化记忆建设：安徽大学历史照片档案的叙事可视化

照片档案具有历史记忆与再现功能（张彤，2003），是记忆工程建设领域的重要对象与重要媒介。1999年，冯骥才先生为"拯救天津老街"发起"历史文化考察与保护"活动，开拓性地将影像媒介的使用引申至"城市记忆工程"领域。此后，以2002年青岛"城市记忆工程"为标志，照片、摄像等手段已经成为记忆工程的重要组成部分。记忆工程提供了照片档案馆藏资源建设的契机，档案部门借记忆工程开展之机，面向社会开展照片档案征集工作，丰富并优化了馆藏。近年来，面向高校的公众记忆诉求增多，对保存与建设高校文化记忆提出了新的要求，即坚持以人为本，在"记忆工程"视野下开展各种类型高校文化资源建设。其中，照片档案资源的建设是主体内容。然而，值得指出的是，无论是面向哪类记忆工程建设，照片档案编研工作面临一些"困局"。这就需要从照片本身的属性与照片档案的特性说起。

首先，不同于文字，照片的意向性是参照性，即被摄物曾经存在的确凿性（贝尔纳·斯蒂格勒，2010）。"我永远也不能否认照片上的东西曾经存在过"（罗兰·巴特，2011）；其次，照片档案的时间感与空间感比一般档案强烈，通过把一瞬即逝的容貌记录下来并予以再现，可以将人们引向对历史的深切怀念或使人们对历史有更深刻的认识（王英玮等，2021）。这造就了照片相对文字更加直观的叙事表达与传播能力。然而，过去档案管理员往往将照片的特质视为媒介，即作为一种档案的特殊载体，对照片意义的忽视在实践和理论上都极大地限制了其处理照片的能力（Conway&Punzalan，2011）。尽管各级综合档案馆存储有大量的照片，然而一直以来对其编研利用始终带有"文字的支撑与佐证"色彩，专门针对照片档案的编研工作仍处于基础阶段，以传统的图集汇编和展示出版为主，在照片档案内容的深度挖掘与叙事发现层面还比较欠缺。相关的创新探索大多是在记忆实践框架中开展，如刘力超、陈慧迪等人立足北京城市记忆工程，将GIS技术与北京老照片档案相结合，从纵横（时间轴与瀑布流）两个方向对档案资源进行组织与优化，构建了一种新型的、极富视觉冲击效果的呈现形式（2017）。但是，关于照片档案创新编研的方法要点缺乏进一步凝练与总结，尚未体系化，具有很大的提升空间。因此，探索档案数字编研模式在照片档案编研上的应用有一定现实价值，可为高校文化记忆建设提供支撑。

一、应用要点：以叙事可视化为目标的照片档案编研工作思路设计

档案数字编研模式在安徽大学历史照片档案叙事可视化中的应用要点主要在于以叙事可视化为目标对照片档案编研总体工作思路的优化。针对当前档案编研工作在"研"与"示"方面存在的不足，基于档案数字编研业务逻辑，结合照片档案编研需求与特点，提出照片档案编研创新"一线四点"思路。其中，"一线"指的是照片档案管理全过程业务链，"四点"对应的是档案编研工作的关键步骤。具体而言，发挥照片档案管理智能化的便利条件，对数字形式的照片档案进行智能化处理与组织；面向照片档

案利用故事化的方向、工程化建设的场景，获取照片档案编研叙事线索，并构建照片档案编研成果展示框架。总体思路如图7-14所示。

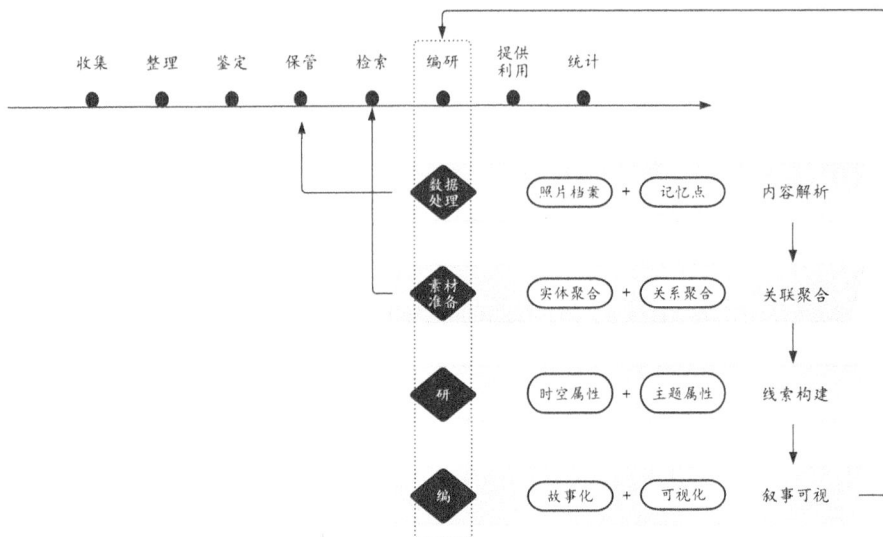

图 7-14　照片档案创新编研"一线四点"总体设计

1.以利用为导向的照片档案内容解析与存储

数据处理思路是照片档案编研工作创新的重要基础。一直以来，照片档案主要通过"卷""件"等方式进行组织与管理，依赖文字说明或元数据来对照片进行描述与解释。2014年，《照片类电子档案元数据方案》（DA/T 54—2014）发布，提供了以卷、件为保管单位的照片类电子档案描述和管理的依据。其中，主题元数据项设置了地点、人物与背景，为管理者与利用者提供高于题名精细度的检索途径。然而，大部分元数据项的设置旨在保证长期保存与未来可用，能够为当下利用提供检索点的元数据项很少，只有档号、题名、摄影者、摄影时间等几项，对照片中故事性要素关注不够。这使得照片的关键要素难以直接利用，编研素材获取需要较大的人力、时间成本投入。

因此，需要重新审视传统聚焦"文件"级别对象的资源组织模式，以故事化利用为导向，对"内容"层面的照片档案故事性要素进行深层次、细粒度的解析与存储。本书提出增加以照片所蕴含的内容实体作为照片档案创新编研的对象，标记为"记忆点"，实现基于记忆点的照片资源内容解析，将单层的"照片项"的对象管理分化为"照片—记忆点"两层对象进行统筹管理。具体而言，基于照片类型特点，从人、事、时、地、物五个方面对照片内容进行识别，如"中国人民大学""吴宝康""一勺池"等，标记为人物记忆点、事件记忆点、时间记忆点、地点记忆点与物理实体记忆点，分别构建以照片档案为主的资源库与以记忆点为主的主题实例库，实现两层存储，为照片档案的编研利用奠定基础。

2.基于关联关系的照片档案资源发现与聚合

素材准备是照片档案编研工作创新的重要环节，影响着编研工作的开展。首先，以利用为导向的照片档案内容解析与存储将照片档案分化为两层管理，下一步需要做的是将记忆点与原始照片档案资源以及记忆点之间的关联建立起来，以实现记忆点聚合进而实现资源聚合，保证资源可控以及可发现，快速提供编研素材。在照片档案领域，单一记忆点本身是归属于单份照片档案的，因此单个记忆点与单份照片档案之间有关联；其次，记忆点之间存在关联。同理，通过记忆点之间的关联，可以实现照片档案的关联；通过多个记忆点与照片档案的关系，可以实现记忆点之间隐含关系的发现，从而实现记忆点之间的广泛关联，总结为两种关联聚合模式。一是关系聚合，关系聚合模式注重关系发现。举例而言，A人物与B人物具有永恒关系R，B人物与C人物具有永恒关系R，可以认为，A人物与B人物具有一定的关系，从而将A、B、C相关的资源关联聚合。二是实体聚合，实体聚合模式注重资源聚合，基于某个记忆点进行记忆点的关联聚合与资源的关联聚合，以获取较为全面的编研素材。

3.面向叙事的照片档案编研线索获取与构建

"研"是"编"的基础，既包括对选题的研究，也包括对内容的研究，决定着编研成果的深度。在"研"层面，需要通过对内容脉络进行分析，获取故事性、记忆性线索，形成叙事主线（框架），提供照片档案编研成果的故事化采编依据。基于照片类型档案特点，其叙事的主要线索依托时空与主题两类属性进行构建。在照片档案关联聚合的基础上，照片档案编研的线索主要来自时间、空间以及记忆点之间的关系。其中，时间与空间线索主要可以单独构建，通过时间历时、共时或空间同在可以将照片档案与所含重要的记忆点进行相应的标注；关系线索主要从同类、不同类记忆点之间的关系切入，如人物与人物之间的关系，以实现照片档案之间的关联叙事。

4.面向展示的照片档案编研成果组织与呈现

"编"是"研"的深化和加工，是形成编研成果的直接手段（曾静怡等，2021）。结合上一节构建的时空与主题线索，可从三个维度设计照片档案叙事可视框架。其中，时空维度主要通过GIS创建记忆地图，对具体某一地标建筑的大量照片档案资源，通过瀑布流和时间轴两种展示方式呈现；内容维度，主要通过图文集合，设计故事图集、照片墙、记忆专题、记忆立方等展示框架，创新展示形式，拓宽展示渠道；场景维度，设计今昔对比等展示形式，加强照片档案叙事表达的能力，提升叙事可视化的效果。

二、应用成效：充分发挥档案记忆属性，增强校友认同感与归属感

2019年，适逢安徽大学90周年校庆，安徽大学档案馆与中国人民大学信息资源管理学院（档案学院）合作开展安徽大学数字记忆项目，通过对历史照片的创新编研更加全面地、新颖地呈现九十载校史变迁，追忆过往、怀念先哲。笔者所探索的相关思路在安徽大学档案馆历史照片档案建设中得到了验证。

项目通过馆藏梳理并面向社会征集了近190G的照片资源，经过数据清洗、档案化处理、分类提交著录等工作，完成了初步的资源建设。截至2019年8月，资源库共收录照片档案资源4223件。在此基础上，对资源进行进一步处理，面向利用对照片档案中蕴含的人物记忆点、事件记忆点、地点记忆点等进行解析，以人物记忆点为例，主要针对名人进行了建立，如刘文典记忆点。项目通过记忆点挂接资源功能，实现记忆点与资源之间的关联，同时，借助关联规则，获取并建立任意两个记忆点之间的关

系，为资源的发现与聚合奠定基础。在"编研"层面，利用照片档案资源具有的时空属性与主题属性，设计并构建了多样的采编框架，包括记忆地图、故事图集、今昔对比等；并面向数字展示需要，设计了叙事可视框架，包括安徽大学地图、九秩风雨、时光记忆、岁月如歌、济济贤者、校友风采等。其中，安徽大学地图基于时空维度进行设计，从纵横两个维度展现了历史照片档案资源；九秩风雨、岁月如歌、校友风采都为故事图集，基于不同主题进行了照片资源的组织；时光记忆基于场景维度设计，展示安徽大学同一个地点随时间流逝发生的变迁过程，古今不同时期的照片形成鲜明的视觉对比；济济贤者是记忆点关联聚合的典型体现，该模块重点展示出安徽大学两位卓越贡献者刘文典与李世雄的相关故事。

通过对安徽大学档案馆历史照片档案进行编研，实现了安徽大学历史照片档案的故事化开发与叙事化呈现，有效地提高了安徽大学档案工作的效率，明显地提升了安徽大学照片档案编研工作的质量。"安徽大学数字记忆网"（http://digitalmemory.ahu.edu.cn）上线以来，得到了海内外校友、各级领导和高校同行的一致好评，增强了校友的认同感与归属感。该项目成果"高校历史照片档案智能编研系统"获得2020年国家档案局优秀科技成果二等奖。

第四节　档案数字编研模式应用小结

三个应用探索小结如表7-2所示。

表7-2　档案数字编研模式应用小结

应用场景	应用对象	模式侧重	应用要点	应用成效
遗产价值创新转化	苏州丝绸档案（以实物档案为主）	数字故事化	1.苏州丝绸档案专题数据库构建；2.苏州丝绸档案数字故事化框架（基于内容/基于结构）	创新推动档案价值发现，扩大文献认识与影响

应用场景	应用对象	模式侧重	应用要点	应用成效
红色文化基因传承	吴宝康人物档案（以人物照片档案为主）	故事化叙事	1. 情节驱动的故事化叙事； 2. 基于上下文知识图谱的档案故事化叙事	有效促进红色叙事构建，拓展党史学习教育新载体
高校文化记忆建设	安徽大学历史照片档案（以历史照片档案为主）	叙事可视化	以叙事可视化为目标的照片档案编研工作思路设计	充分发挥档案记忆属性，增强校友认同感与归属感

　　总体来说，以上三个应用探索分别凸显档案数字编研模式在不同应用场景下、面向不同类型对象的应用思路，相对典型地给出了档案数字编研模式"如何应用"的实践样板。这也相应说明了档案数字编研隐性话语构建（四大场域）中的三大场域，包括红色叙事、地方建设与对外传播的话语实践。鉴于档案数字编研模式提供的是一般方法，在面向不同的应用场景、具体类型对象应用时需要根据编研工作的目的以及档案对象的实际情况综合考虑如何应用，三个应用呈现出不同的要点。具体而言，在苏州丝绸档案的应用案例中，考虑到丝绸样本档案的实物载体特性、已有档案管理工作的基础以及文献遗产扩大认识的需要，档案数字编研模式的应用着重在于"如何有效地存以及巧妙地用"上，因而落脚在专题数据库构建与数字故事化路径构建上；在吴宝康人物档案的应用案例中，考虑到人物档案的多模态性与红色叙事构建的重点，档案数字编研模式的应用着重在于"如何讲好红色故事"上，因而落脚在情节驱动的故事化叙事路径构建与基于上下文知识图谱的档案故事化叙事上；在安徽大学历史照片档案的应用案例中，考虑到历史照片档案的视觉特性与高校文化记忆建设的需要，档案数字编研模式的应用着重在于"如何讲好照片档案故事，呈现历史变迁"上，因而落脚在以叙事可视化为目标的历史照片档案编研工作思路上。

　　需要说明的是，受到档案实际工作情况与论文撰写时间的限制，本书对档案数字编研模式的应用探索并未百分百落实在系统构建层面，而是在案例应用层面。具体而言，通过调研可知，当前国内综合档案馆数字编研的信息化基础仍比较初级，档案数字编研模式的应用在系统建设层面任重道远。如果想要建设一个能够实现档案数字编研的一体化平台，就需要较为坚实的前期基础如档案数据化建设、档案数据库建设、档案知识图谱构建等，就需要一定时间。同时，档案数字编研平台是作为一个平台与档案管理系统连接，或是作为一个功能嵌入档案管理系统，有待进一步论证。受到书籍撰写时间与技术现况的限制，本书并未从系统建设的层面对模式进行验证，理论层面以业务功能的形式提出档案数字编研模式的整体愿景，实际应用时则从方法具体应用的形式进行验证。可以期待的是，档案数字编研平台的建成，无论是在工作效率提升还是在成果多样输出上都能够更好地推动档案工作发展。在后续的研究中，笔者也将进一步探讨，并持续关注档案数字编研模式在更广泛场景的应用。

本章对档案数字编研模式的应用探索进行研究，案例主要源自笔者参与的一些实践性项目。其中，苏州丝绸档案的数字故事化探索进一步说明了苏州丝绸档案专题数据库与数字故事化框架的构建思路，凸显档案数字编研模式在推动遗产价值转化上的价值；吴宝康人物档案的故事化叙事探索进一步说明了情节驱动与上下文应用的故事化叙事构建，凸显档案数字编研模式在促进红色文化基因传承上的价值；安徽大学历史照片档案的叙事可视化进一步说明了以叙事可视化为目标的照片档案创新编研思路，凸显档案数字编研模式在支撑高校文化记忆建设上的价值。在案例综合分析的基础上，本章还对档案数字编研模式应用研究的欠缺之处、未来发展方向进行了说明。

结论与展望

　　档案数字编研模式的提出与构建，不仅是对档案信息化战略转型的重要战略响应，还是对技术赋能与叙事介入双重作用力应用的重要学术回应，更是对新时代新征程下档案工作更好地服务党和国家工作大局、服务人民群众任务的重要实践努力。面向转型、提升与服务三个主要目标，在守正拓新与融合发展的逻辑理路下，本书从理论基座、理论内核、理论要素与理论模型四个方面探讨了档案数字编研模式的理论构建，并对其业务逻辑、技术架构、应用探索等内容进行了详细说明。

　　本书的研究结论简述如下：

　　第一，档案数字编研是面向数字档案资源，以数字技术开展选题、选材、加工与编写等工作，形成可在数字环境下传播的成果的新型编研。档案数字编研模式是指，数字时代档案部门为了实现特定的编研目标，在三元空间、"五态四化"、数字叙事等理论指导下，充分利用技术赋能与叙事介入双重作用力，以人机交互为起点，围绕"选题匹配–素材发现–叙事构建–成果呈现"四大业务程序形成的"业务–技术–应用"三位一体解决方案。档案数字编研模式核心要义为"技术编研"与"编研叙事"。档案数字编研模式采用"从理论到实践、从方法到应用"思路构建，包括理论构建、业务逻辑、技术架构与应用探索四大部分内容。

　　第二，档案数字编研模式构建的关键在于档案编研数字空间的拓展。档案数字编研模式是在新"三态"环境下的蝶变与跃升，即由档案对象管理空间拓展促使的编研对象升级带来的是编研方法升级和编研服务升级。档案数字编研模式由总体理念转向的数字故事化模块、面向内容生产的故事化叙事模块、面向故事表达的叙事可视化模块组成。档案数字编研模式构建包括基于人机交互的档案编研业务逻辑建构、面向数字叙事的档案编研技术架构再造、价值驱动的档案编研数字应用场景重塑三项内容。

第三，在技术赋能与叙事介入双重作用力下，档案数字编研模式的业务逻辑可以从四个部分进行建构：从需求到业务、从载体到内容、从离散到有序、从选择到组合。根据业务开展的先后次序，档案数字编研模式的业务程序表现为"选题匹配－素材发现－叙事构建－成果呈现"。其中，选题匹配指向数字故事化，以馆藏资源脉络梳理与选题匹配分析为工作中心；素材发现与叙事构建指向故事化叙事，以故事性要素解析、上下文应用、情节单元组织、叙事性线索分析、情节生成为工作中心；成果呈现指向叙事可视化，以话语构建与数字化传播为工作中心。

第四，档案数字编研模式的技术架构包括两个部分、四个模块。档案数字编研平台技术模块围绕"选题匹配－素材发现－叙事构建－成果呈现"业务逻辑进行总体交互功能设计。数字故事化技术模块指向"选题匹配"，以档案专题数据库建设与档案编研选题数据库建设为中心；故事化叙事技术模块指向"素材发现"与"叙事构建"，核心在于通过构建"资源－要素"双层主题地图实现档案编研素材的静态关联、通过实体上下文化与关系上下文化构建上下文嵌入的档案叙事知识图谱实现故事化叙事的动态聚合；叙事可视化技术模块由基于时空维度、主题维度构建的数字产品框架设计与传统媒体与新媒体融合的融媒体平台设计两个部分构成。

第五，档案数字编研模式作为一套方法论，在不同应用场景下、面向不同类型档案数据的具体应用有不同侧重，需要具体问题具体分析。数字故事化、故事化叙事、叙事可视化虽代表了具体的场景方向，提供了应用导向，但并不是限定场景，需要根据应用的具体需求进行综合考虑与选择。

总体而言，笔者认为，档案数字编研模式显现了一些不同于传统档案编研模式的显著特征，表现为多态性、融合性、智能性与多样性，开启了档案编研的数字篇章。

档案数字编研模式的多态性主要体现在两个方面：工作场景与编研对象。对工作场景而言，档案数字编研模式并不是纯粹数字空间的活动，而是物理空间、社会空间与数字空间不断交互的复杂生态环境。对编研对象而言，也呈现多模态并存的情况，一方面，档案数字编研对象粒度从档案卷、件深入到档案内容，素材形态表现为细粒度的数据形态，如人、事、物等有语义完整的情节单元；另一方面，以数字态、数据态形态存在的档案是编研的主要对象，原因在于其具有完整的档案联。此外，编研对象除文本外，还具有照片、音视频、实物（3D对象）等多种类型对象。

档案数字编研模式的融合性主要体现在两个方面：数字技术与成果形式。首先，档案数字编研模式吸纳多种技术，强调多种技术的融合应用。在不同阶段，面向不同的客体，采取适用的数字技术，实现技术的有效赋能。其次，档案数字编研成果不完全以数字成果形式如专题数据库、网站、视频等形式存在，仅在线上流通与传播，其通过数字编研模式形成的成果完全可以转化为传统档案编研成果，如书籍、展览等。因此，从成果形式而言，档案数字编研成果更加丰富也更加融合，能够实现线下线上的有效融合，发挥最大的传播作用。

档案数字编研模式的智能性主要体现在两个方面：编研手段与编研过程。其中，编研手段体现的是单点的智能，如编研内容要素挖掘上，利用机器学习技术构建模型，实现多类型编研对象的内容自动解析；在相关素材汇集上，依托知识图谱技术，实现情节单元的图谱化组织，快速形成编研素材网络。编研过程强调的是整体的智能，主要表现简化人工介入，由机器完成部分工作，同时能够实现开放协作。

档案数字编研模式的多样性主要体现在两个方面：编研工作与编研成果。其中，编研工作的可能性是指工作更具活力与生机。档案数字编研模式能实现人机交互、人人交互，强调用户对编研工作的参与，能够支撑个性化编研成果构建。编研成果的可能性主要表现为最后成果具有动态性与多种可能的呈现方式。档案数字编研模式凸显技术的动态赋能，强调技术对编研内容的可编辑性，档案编研模式能实现全过程的增删调整档案数字编研工作阶段可视化，同时其成果以可视化形式呈现。因此，档案数字编研模式能够实现内容和呈现形式的多种组配，同一成果有多种呈现方式，不同的成果也有不同的呈现方式，成果存在多种走向。

参 考 文 献

［1］巴雷特. 赛博族状态：因特网的文化、政治和经济［M］. 李新玲，译. 石家庄：河北大学出版社，1998.

［2］贝尔纳·斯蒂格勒. 技术与时间 2：迷失方向［M］. 赵和平，印螺，译. 南京：译林出版社，2010.

［3］曾国屏，李正风，段伟文，等. 赛博空间的哲学探索［M］. 北京：清华大学出版社，2002.

［4］查有梁. 课堂模式论［M］. 桂林：广西师范大学出版社，2001.

［5］冯惠玲. 电子文件管理教程［M］. 北京：中国人民大学出版社，2001.

［6］杰拉德·普林斯. 叙事学：叙事的形式与功能［M］. 徐强，译. 北京：中国人民大学出版社，2013.

［7］刘越男，等. 地方政府数字档案集中管理模式研究［M］. 北京：中国人民大学出版社，2017.

［8］罗兰·巴特. 明室：摄影札记［M］. 赵克非，译. 北京：中国人民大学出版社，2011.

［9］玛丽－劳尔·瑞安. 故事的变身［M］. 张新军，译. 南京：译林出版社，2014.

［10］玛丽－劳尔·瑞安. 跨媒介叙事［M］. 张新军，等译. 成都：四川大学出版社，2019.

［11］曼纽尔·卡斯特. 网络社会的崛起［M］. 夏铸九，王志弘，等译. 北京：社会科学文献出版社，2001.

［12］尼葛洛庞帝. 数字化生存［M］. 胡泳，等译. 海口：海南出版社，1996.

［13］王英玮，陈智为，刘越男．档案管理学［M］．5版．北京：中国人民大学出版社，2021.

［14］温有奎，焦玉英．基于知识元的知识发现［M］．西安：西安电子科技大学出版社，2011.

［15］杨冬权．让档案活起来、亮起来［M］．北京：中国文史出版社，2018.

［16］安小米，钟文睿，白文琳，等．我国国家数字档案资源整合与服务研究现状及未来研究建议［J］．档案学研究，2014（2）：4-8.

［17］卜鉴民，杨韫，陈鑫．近现代中国苏州丝绸档案的价值［J］．中国档案，2017（11）：24-26.

［18］曾静怡，顾伟，刘力超，等．照片档案创新编研思路探析［J］．档案学通讯，2021（4）：71-76.

［19］曾静怡，牛力．数字赋能视角下的档案价值创新研究［J］．山西档案，2018（3）：5-8.

［20］曾静怡．上下文在照片档案叙事中的应用［J］．档案学研究，2021（6）：100-105.

［21］常万龙．高标准高质量做好北京冬奥档案工作［J］．中国档案，2022（4）：10.

［22］朝乐门，张晨．数据故事化：从数据感知到数据认知［J］．中国图书馆学报，2019，45（5）：61-78.

［23］陈凤丽．档案编研的新形式：计算机专题数据库［J］．北京档案，2000（11）：24-25.

［24］陈荣红．着力打造城建档案编研品牌［J］．浙江档案，2011（3）：39-40.

［25］陈忻，房小可，孙鸣蕾．社会记忆再生产：北京香山红色档案编研成果的细粒度挖掘研究［J］．山西档案，2021（1）：80-87，79.

［26］陈鑫，程骥，吴芳，等．地方档案文献遗产保护开发研究：以苏州丝绸档案为例［J］．档案与建设，2020（6）：42-46.

［27］程结晶，周咪咪，王齐．大数据时代档案编研的SWOT分析［J］．档

案学通讯，2015（5）：58-62.

［28］丛艳坤.辽宁全面推进红色档案资源调查工作［J］.兰台世界，2022（8）：2.

［29］单志广，徐清源，马潮江，等.基于三元空间理论的数字经济发展评价体系及展望［J］.宏观经济管理，2020（2）：42-49.

［30］邓东燕，姚伦.创新档案编研　弘扬档案文化　提升服务能力：江西省档案馆开展编研工作的实践与思考［J］.档案学研究，2018（1）：71-74.

［31］邓君，王阮.口述历史档案资源知识组织与关联分析［J］.情报资料工作，2021，42（5）：58-67.

［32］翟乐，李金格.数字人文视阈下红色档案资源的遴选、组织与开发策略研究［J］.情报科学，2021，39（12）：174-178，186.

［33］董思琦，李颖.数据时代档案编研工作发展策略研究［J］.山西档案，2020（1）：112-117.

［34］董泽芳.高校人才培养模式的概念界定与要素解析［J］.大学教育科学，2012（3）：30-36.

［35］范玉春，管先海，郭东升，等.档案编研——怎么编研——档案编研基本问题思考之四［J］.档案，2019（12）：21-27.

［36］房小可，谢永宪，王巧玲.基于数字人文的档案编研方法新探［J］.档案学研究，2020（5）：138-142.

［37］冯惠玲，梁继红，马林青.台州古村落数字记忆平台建设研究：以高迁古村为例［J］.中国档案，2019（5）：74-75.

［38］冯惠玲.档案记忆观、资源观与"中国记忆"数字资源建设［J］.档案学通讯，2012（3）：4-8.

［39］冯文杰.档案专题数据库定义探析［J］.中国档案，2013（5）：52-53.

［40］付允，马永欢，刘怡君，等.低碳经济的发展模式研究［J］.中国人口·资源与环境，2008（3）：14-19.

［41］巩宜萱，史益豪，刘润泽.大安全观：超大型城市应急管理的理论

构建——来自深圳的应急管理实践〔J〕.公共管理学报，2022，19
（3）：46-57，168.

［42］管先海，郭东升，黄琥.档案编研——谁来编研——档案编研基本
问题思考之三〔J〕.档案，2019（4）：42-48.

［43］管先海，郭东升，李宗富.档案编研——编研什么——档案编研基
本问题思考之二〔J〕.档案，2019（3）：46-52.

［44］管先海，李兴利.借鉴北京卫视《档案》栏目经验，打造编研精品
〔J〕.档案管理，2023（2）：114-117.

［45］管先海，刘夏楠，葛昱彤.档案编研——为谁编研——档案编研基
本问题思考之一〔J〕.档案，2018（9）：19-24.

［46］郭爱艳.大数据背景下城建档案编研与开发探索〔J〕.档案学研究，
2017（S2）：22-24.

［47］韩峰，管东成，王苗.新时期档案编研工作的新变化〔J〕.黑龙江档
案，2019（5）：33-36.

［48］杭州市档案局　杭州市档案馆.遵循"三个走向"展现"头雁风采"：
杭州市档案工作"十三五"回眸〔J〕.中国档案，2021（3）：30-31.

［49］何洪池，张建平.纪录片"故事化"的定义〔J〕.文艺争鸣，2011
（8）：30-31.

［50］贺德方，曾建勋.基于语义的馆藏资源深度聚合研究〔J〕.中国图书
馆学报，2012，38（4）：79-87.

［51］胡吉明，罗行，陈晔.新媒体环境下的档案微编研内容结构研究〔J〕.
北京档案，2022（6）：16-20.

［52］华林，谭雨琦，冯安仪.南洋华侨机工档案文献特色数据库开发研究
〔J〕.山西档案，2022（3）：117-123.

［53］华林.中华民族认同视域下南侨机工档案文献数字化编研研究〔J〕.
浙江档案，2021（6）：19-22.

［54］黄广琴.建立档案编研选题数据库的几点思考〔J〕.档案学通讯，
2006（2）：37-38.

［55］黄夏基，梁艳.信息时代档案编研的"恒"与"变"［J］.档案学通讯，2016（4）：39-44.

［56］黄永文，岳笑，刘建华.关联数据应用的体系框架及构建关联数据应用的建议［J］.数据分析与知识发现，2011，27（9）：7-13.

［57］金波.论数字档案信息资源建设［J］.档案学通讯，2013（5）：45-49.

［58］柯平，邹金汇，孙晓宁.启动新一轮文化产业转型升级的战略：针对《关于推进实施国家文化数字化战略的意见》的分析与启示［J］.情报理论与实践，2022，45（8）：1-8.

［59］李安涛.百集微纪录片《红色档案——走进中央档案馆》重磅上线［N］.中国档案报，2021-03-11（001）.

［60］李持中，孙明达.试论展览与档案编研［J］.档案学通讯，2001（4）：16-17，9.

［61］李纲，刘学太，巴志超.三元世界理论再认知及其与国家安全情报空间［J］.图书与情报，2022（1）：14-23.

［62］李宏伟.浅谈信息时代的档案编研与开发利用［J］.档案学研究，2017（S2）：64-66.

［63］李洪晨，马捷.沉浸理论视角下元宇宙图书馆"人、场、物"重构研究［J］.情报科学，2022，40（1）：10-15.

［64］李莉.试析信息时代档案编研工作发展趋势［J］.档案学研究，2017（S2）：24-27.

［65］李孟秋.论档案叙事的发展演变：基于社群档案的分析［J］.浙江档案，2021（6）：23-26.

［66］李世华.聚焦落实存史资政育人根本任务　奋力推进新时代档案事业创新发展［N］.中国档案报，2022-07-11（001）.

［67］李玮.跨媒体·全媒体·融媒体：媒体融合相关概念变迁与实践演进［J］.新闻与写作，2017（6）：38-40.

［68］李文以.基于现代信息技术条件的档案文献编纂模式探微［J］.档案学通讯，2008（5）：55-58.

［69］李旭晖，吴燕秋，王晓光．基于角色关联的叙事型文化遗产知识表示方法［J］．图书情报工作，2017，61（9）：116-122.

［70］刘革平，王星，高楠，等．从虚拟现实到元宇宙：在线教育的新方向［J］．现代远程教育研究，2021，33（6）：12-22.

［71］刘瀚潞．立此存照：十八洞村精准扶贫档案实录［N］．湖南日报，2021-02-27（005）.

［72］刘宏．内蒙古呼和浩特市档案积极开展"黄河档案"专题数据库建设［N］．中国档案报，2022-06-30（002）.

［73］刘峤，李杨，段宏，等．知识图谱构建技术综述［J］．计算机研究与发展，2016，53（3）：582-600.

［74］刘杰．数据新闻可视化叙事初探［J］．科技传播，2013，5（16）：26-27.

［75］刘力超，陈慧迪，江健，等．北京城市记忆照片资源地理空间化组织平台构建［J］．计算机系统应用，2017，26（8）：1-8.

［76］刘婷，高研，程熙．虚拟现实技术在网上档案展览中的应用研究［J］．档案学研究，2012（5）：47-49.

［77］刘一枞．学批示　见行动　开新局　各地档案部门认真学习贯彻习近平总书记对档案工作重要批示［N］．中国档案报，2021-08-05（001）.

［78］刘玉照，岳修志．内容管理：信息资源管理的前沿课题［J］．中国图书馆学报，2008（2）：103-106.

［79］刘子曦．故事与讲故事：叙事社会学何以可能——兼谈如何讲述中国故事［J］．社会学研究，2018，33（2）：164-188，245.

［80］留晞．推进档案编研工作的实践与思考［J］．浙江档案，2021（1）：53-55.

［81］龙迪勇．图像叙事：空间的时间化［J］．江西社会科学，2007（9）：39-53.

［82］龙家庆，牟胜男．跨媒体叙事嵌入档案馆公众教育的动力诠释与推广

策略［J］.山西档案，2020（5）：62-71.

［83］龙家庆.叙事表达在档案宣传中的运用与优化策略［J］.浙江档案，
2020（1）：30-32.

［84］陆国强.新时代档案事业高质量发展的根本遵循［J］.档案学研究，
2021（6）：4-5.

［85］罗倩，项敏刚.VR技术在档案展览中的应用［J］.北京档案，2020
（2）：29-31.

［86］吕元智.数字档案资源知识"关联"组织研究［J］.档案学研究，
2012（6）：44-48.

［87］马进宝.数字媒体技术及其相关应用探讨［J］.海峡科学，2010（2）：
81-84.

［88］马仁杰，李丽，顾伟.论新技术环境下我国档案信息化标准建设［J］.
档案管理，2022（2）：17-18.

［89］马文峰.数字资源整合研究［J］.中国图书馆学报，2002（4）：63-66.

［90］米加宁，章昌平，李大宇，等."数字空间"政府及其研究纲领：第
四次工业革命引致的政府形态变革［J］.公共管理学报，2020，17
（1）：1-17，168.

［91］穆向阳，徐文哲.LAM数字叙事基础理论框架研究［J］.图书馆理论
与实践，2022（3）：23-29.

［92］南帆.讲个故事吧：情节的叙事与解读［J］.东南学术，2018（4）：
162-172＋248.

［93］牛力，曾静怡.数字编研：一种全新的档案业务模式［J］.中国档案，
2022（1）：70-71.

［94］牛力，高晨翔，张宇锋，等.发现、重构与故事化：数字人文视角下
档案研究的路径与方法［J］.中国图书馆学报，2021，47（1）：88-
107.

［95］牛力，王烨楠.基于档案的城市记忆资源建设全过程模型及应用研究
［J］.档案学研究，2017（1）：24-30.

［96］牛力，王烨楠.基于档案的城市记忆资源建设研究述评［J］.档案学通讯，2016（1）：38–47.

［97］牛力，展超凡，高晨翔，等.人物事件导向的多模态档案资源知识聚合模式研究［J］.档案学通讯，2021（4）：36–44.

［98］潘晟.叙事、互文与可视化：文献学视角下的近现代报刊地图［J］.江苏社会科学，2021（4）：231–240，244.

［99］彭插三.档案编研信息化及管理体系构建［J］.档案学研究，2017（S2）：27–32.

［100］祁天娇，冯惠玲.档案数据化过程中语义组织的内涵、特点与原理解析［J］.图书情报工作，2021，65（9）：3–15.

［101］祁天娇，王强，郭德洪.面向知识赋能的档案数据化编研：新逻辑及其实现［J］.档案学通讯，2022（1）：45–52.

［102］钱婷，刘倩.元宇宙视域下沉浸式档案展览的实施路径与推广传播研究［J］.浙江档案，2022（9）：33–35.

［103］钱毅，马林青.基于三态视角的档案描述标准特征及演进脉络分析［J］.档案学通讯，2021（5）：40–48.

［104］钱毅.从保护到管护：对象变迁视角下的档案保管思想演变［J］.档案学通讯，2022（2）：82–88.

［105］钱毅.基于三态视角重新审视档案信息化建设［J］.浙江档案，2019（11）：18–21.

［106］钱毅.技术变迁环境下档案对象管理空间演化初探［J］.档案学通讯，2018（2）：10–14.

［107］钱毅.破析与融合：析档案资源形态与语义表现相互作用的U型曲线现象［J］.档案学研究，2022（4）：108–115.

［108］钱毅.在"三态两化"视角下重构档案资源观［J］.中国档案，2020（8）：77–79.

［109］乔硕功.时尚视角下社群档案的文化认同价值［J］.档案学研究，2020（3）：51–57.

［110］沙敏.北京市近五年档案编研成果分析［J］.北京档案，2018（7）：27-29.

［111］尚必武.什么是"叙事"？概念的流变、争论与重新界定［J］.山东外语教学，2016，37（2）：65-73.

［112］邵渼赟.档案编研出版中增强现实技术的应用场景与路径探究［J］.档案与建设，2022 （12）：36-39.

［113］申丹.何为叙事的"隐性进程"？如何发现这股叙事暗流？［J］.外国文学研究，2013，35（5）：47-53.

［114］沈岳.湖南省档案馆 推动总书记重要批示精神落地见效［N］.中国档案报，2022-05-09（001）.

［115］宋宁远，王晓光.基于情节本体的叙事性文本语义结构化表示方法研究［J］.中国图书馆学报，2020，46（2）：96-113.

［116］宋鑫娜.论档案展览中的叙事表达［J］.北京档案，2019（1）：22-24.

［117］苏君华，宋帆帆.参与式传播：档案编研成果传播的新路径［J］.档案管理，2022（1）：20-24.

［118］孙宝辉，张晓晓，张卫东.数字人文视域下高校校史档案编研路径研究［J］.档案与建设，2022（7）：54-57.

［119］孙瑾，郭彦军.档案专题数据库建设热的冷思考：构建基于质量控制理论的档案专题数据库建设流程［J］.档案学通讯，2012（5）：67-70.

［120］孙若阳，支凤稳，彭兆祺.元宇宙技术赋能数字档案文创发展研究［J］.浙江档案，2022（8）：38-41.

［121］谭必勇.社会记忆构建与地方特色档案资源整合与传播：以"近现代中国苏州丝绸档案"为例的考察［J］.兰台世界，2018（6）：13-17.

［122］童芳.数字叙事：新技术背景下的博物馆设计研究［J］.南京艺术学院学报（美术与设计），2020（3）：165-171， 210.

［123］万爽.优秀传统文化的数字化叙事与传播［N］.中国社会科学报，
2022-04-27（011）.

［124］王红敏.守正创新不断开创档案对外交流新局面［J］.中国档案，
2022（9）：8-9.

［125］王良镭.档案编研工作在数字化时代的机遇与挑战［J］.中国档案，
2020（2）：68-69.

［126］王强.文化引领视角下企业档案编研的实现路径研究［J］.浙江档
案，2022（7）：21-24.

［127］王上铭，蔡亚萍，吴建华.专题档案概念辨析与界定［J］.档案学通
讯，2015（5）：36-41.

［128］王英伟.政府治理数字化转型对城市空间的塑造逻辑［J］.城市发展
研究，2022，29（6）：85-91.

［129］吴江，曹喆，陈佩，等.元宇宙视域下的用户信息行为：框架与展
望［J］.信息资源管理学报，2022，12（1）：4-20.

［130］吴志杰.新技术环境下档案编研工作探析［J］.北京档案，2019（6）：
25-27.

［131］伍媛媛.信息时代明清档案编研开发的探索与思考［J］.历史档案，
2016（4）：138-142.

［132］夏天，钱毅.面向知识服务的档案数据语义化重组［J］.档案学研
究，2021（2）：36-44.

［133］向安玲，高爽，彭影彤，等.知识重组与场景再构：面向数字资源
管理的元宇宙［J］.图书情报知识，2022，39（1）：30-38.

［134］谢玉雪.数字档案资源的可视化叙事服务研究［J］.档案学研究，
2020（3）：122-128.

［135］徐力恒.唐代人物资料的数据化：中国历代人物传记资料库（CBDB）
近年工作管窥［J］.唐宋历史评论，2017（00）：20-32，381.

［136］徐拥军.企业档案知识管理模式：基于双向视角的研究［D］.北京：
中国人民大学，2007.

［137］徐增林，盛泳潘，贺丽荣，王雅芳.知识图谱技术综述［J］.电子科技大学学报，2016，45（4）：589-606.

［138］许向东.转向、解构与重构：数据新闻可视化叙事研究［J］.国际新闻界，2019，41（11）：142-155.

［139］闫静，章伟婷.侨批档案与华侨身份认同：以晋江侨批为中心的考察［J］.浙江档案，2022（4）：25-29.

［140］严跃英.论专题数据库建设［J］.图书馆论坛，2001（4）：39-41.

［141］杨冬权.档案编研的新样态：读《跟"档"寻踪，打卡成都》有感［N］.中国档案报，2021-10-15（003）.

［142］杨冬荃.大编研：档案编研工作的新趋向和新出路［J］.档案与史学，1994（2）：77-79.

［143］杨光，奕宛.记录媒介演进与档案历史叙事的变迁［J］.档案学通讯，2019（4）：19-27.

［144］杨靖，余心怡.数字叙事视角下档案微视频特点及传播优化策略研究［J］.档案管理，2022（5）：80-82.

［145］杨力，姚乐野.数字档案馆知识组织层次体系探讨［J］.档案学通讯，2009（5）：56-59.

［146］杨新涯，钱国富，唱婷婷，等.元宇宙是图书馆的未来吗？［J］.图书馆论坛，2021，41（12）：35-44.

［147］姚静."三态两化"视角下档案标准体系建设的现状与展望［J］.山西档案，2021（5）：175-185.

［148］佚名.成都市档案馆建立红色档案编研专题数据库［N］.中国档案报，2021-12-02（002）.

［149］喻国明.未来媒介的进化逻辑："人的连接"的迭代、重组与升维——从"场景时代"到"元宇宙"再到"心世界"的未来［J］.新闻界，2021（10）：54-60.

［150］原磊.国外商业模式理论研究评介［J］.外国经济与管理，2007（10）：17-25.

［151］战迪.新闻可视化生产的叙事类型考察：基于对新浪网和新华网可视化报道的分析［J］.新闻大学，2018（1）：9-17，147.

［152］张斌，李子林.图档博机构"数字叙事驱动型"馆藏利用模型［J］.图书馆论坛，2021，41（5）：30-39.

［153］张斌，马仁杰，牛力，等.人工智能＋数字人文：高校历史照片档案智能编研平台新探［N］.中国档案报，2021-03-04（003）.

［154］张斌，王露露.档案参与历史记忆构建的空间叙事研究［J］.档案与建设，2019（8）：11-15，40.

［155］张斌.论档案价值概念［J］.档案，2000（2）：8-11.

［156］张郴，黄震方.旅游地三元空间交互理论模型建构［J］.地理研究，2020，39（2）：232-242.

［157］张飞.做好新时期档案编研工作的几点思考［J］.四川档案，2022（4）：33-34.

［158］张彤.浅论照片档案的历史记忆与再现功能［J］.档案学通讯，2003（5）：92-94.

［159］张卫东，左娜，陆璐.数字时代的档案资源整合：路径与方法［J］.档案学通讯，2018（5）：46-50.

［160］张新新.数字出版概念述评与新解：数字出版概念20年综述与思考［J］.科技与出版，2020（7）：43-56.

［161］张玉芳，杨芬，熊忠阳，等.基于上下文的领域本体概念和关系的提取［J］.计算机应用研究，2010，27（1）：74-76.

［162］赵红颖，张卫东.数字人文视角下的红色档案资源组织：数据化、情境化与故事化［J］.档案与建设，2021（7）：33-36.

［163］赵生辉，胡莹，廖月妮.档案领域元宇宙基础研究［J］.浙江档案，2022（4）：21-24.

［164］赵生辉，胡莹."档案数据化"底层逻辑的解析与启示［J］.中国档案，2021（12）：79.

［165］赵生辉，胡莹.档案领域本体数据集衍生证据价值实现机理探析

［J］.浙江档案，2021（1）：19-21.

［166］赵生辉，胡莹.档案数据基因系统：概念、机理与实践［J］.档案学研究，2021（1）：40-48.

［167］赵雪芹，路鑫雯，李天娥，等.领域知识图谱在非遗档案资源知识组织中的应用探索［J］.档案学通讯，2021（3）：55-62.

［168］赵雪芹，彭邓盈政，雷春蓉，等.数字记忆视角下的档案数字叙事服务模型及实现路径［J］.档案与建设，2022（1）：29-32.

［169］赵雪芹，彭邓盈政.数智赋能环境下的档案数字叙事模式研究［J］.档案学研究，2022（5）：67-73.

［170］郑芸.数据库技术在档案编研工作中的应用［J］.档案学通讯，2003（4）：82-84.

［171］支凤稳，孙若阳，云仲伦.元宇宙：档案展览模式与路径的新探索［J］.档案与建设，2022（9）：32-36.

［172］周林兴，崔云萍.叙事视角下档案文化传播：价值、机理及路径选择［J］.档案管理，2021（1）：36-38.

［173］周晓晴，曾英姿.专题数据库建设探析［J］.四川图书馆学报，2000（2）：71-74.

［174］朱蓓琳."数字人文＋"智慧文旅应用产品的功能展望［J］.图书情报工作，2021，65（24）：35-43.

［175］朱梦泽，赵海英.叙事式可视化综述［J］.计算机辅助设计与图形学学报，2019，31（10）：1719-1727.

［176］祝克懿."叙事"概念的现代意义［J］.复旦学报（社会科学版），2007（4）：96-104.

［177］傅君劢.中国历代人物传记资料库用户指南［EB／OL］.［2024-08-05］.https://projects. iq. harvard. edu/files/cbdb/files/cbdb_users_guide_ch_20210322. pdf.

［178］国家档案局交流合作司.《"十四五"全国档案事业发展规划》解读（八）：参与世界记忆项目 提升档案文献遗产影响力［N］.中国档案

报，2021-10-11（001）．

［179］国家档案局政策与法规研究司．2019年度全国档案行政管理部门和
档案馆基本情况摘要（三）［EB／OL］．（2020-09-04）［2024-08-
05］．https://www. saac. gov. cn/daj/zhdt/202009/33f1eb75c35c441984f8f
8f705110666. shtml.

［180］国家档案局政策与法规研究司．2020年度全国档案主管部门和档案
馆基本情况摘要（三）［EB／OL］．（2021-08-06）［2024-08-05］．
https://www. saac. gov. cn/daj/zhdt/202108/6eaf713bece94d3d939559f88
1c50713. shtml.

［181］国家档案局政策与法规研究司．2021年度全国档案主管部门和档案
馆基本情况摘要（三）［EB／OL］．（2022-08-18）［2024-08-05］．
https://www. saac. gov. cn/daj/zhdt/202208/b217ac4762304b54b2ce08547
602b2c8. shtml.

［182］郝莹玉，周瑾．【扛红旗 当先锋】见证张家口记忆 保护好共享遗
产：市档案馆工作综述［EB／OL］．（2022-06-09）［2024-08-05］．
http://www. zjknews. com/news/wenhualishi/zjk/202206/09/373429. html.

［183］吕文婷．会议速递｜数字冲击下的档案学学科发展：什么是最好的
档案学？档案界方家齐聚广州给你答案！［EB／OL］．（2019-11-02）
［2024-08-05］．https://www. sohu. com/a/351668814_734807.

［184］祁天娇，王强，郭德洪．讲座精粹｜如何改造档案编研"人
工生产线"：档案数据化编研新概念与实践案例［EB／OL］．
（2021-03-14）［2024-08-05］．https://mp. weixin. qq. com/s/
NDrU1X4gEsFh1j8a6Ur9nA.

［185］上海市图书馆．珍档秘史：盛宣怀档案知识库［EB／OL］．［2022-
11-23］．https://sd. library. sh. cn/sd/home/index.

［186］魏彬冰，何珊珊．留住"城市记忆"［EB／OL］．［2024-08-05］．
http://www. zjda. gov. cn/art/2013/3/6/art_1378525_12508418. html.

［187］项璐．台州：喜获浙江省优秀编研成果一等奖［EB／OL］．

（2021-09-18）［2024-08-05］http://www. zjda. gov. cn/art/2021/9/18/
art_1378485_58923287. html.

［188］徐拥军，郭若涵. 发挥党史学习教育中的档案力量［EB / OL］.
（2021-05-14）［2024-08-05］. http://theory. people. com. cn/
n1/2021/0514/c40531-32103460. html.

［189］张锦. 成都市档案馆探索建立编研专题数据库深入开发利用红色档
案信息资源［EB / OL］.（2021-11-12）［2024-08-05］. http://www.
chinaarchives. cn/home/category/detail/id/37142. html.

［190］浙江档案. 关于2019-2020年度全省优秀档案编研成果暨档案学优
秀成果评选结果的公示通告［EB / OL］.（2021-09-07）［2024-08-
05］. http://www. zjda. gov. cn/art/2021/9/7/art_1378491_58923262. html.

［191］浙江省档案馆. 浙江省档案馆"十四五"发展规划纲要［EB / OL］.
［2024-08-05］. https://zjjcmspublic. oss-cn-hangzhou-zwynet-d01-a.
internet. cloud. zj. gov. cn/jcms_files/jcms1/web2753/site/attach/0/5dafeacf
f2ab45e0b5548e4bf0de0305. pdf.

［192］中国人民共和国国家档案局."台州古村落"数字记忆建设第一部分
［EB / OL］.（2021-02-09）［2024-08-05］. https://www. saac. gov. cn/
daj/kjcgtg/202102/4c29fcb0278446b583257dceafe962c1. shtml.

［193］Davis N Z. Fiction in the Archives: Pardon Tales and Their Tellers in
Sixteenth-century France［M］. Redwood City: Stanford University Press,
1987.

［194］Duranti L, Franks P C. Encyclopedia of Archival Science［M］. Maryland:
Rowman & Littlefield, 2015.

［195］Dykes B. Effective Data Storytelling: How to Drive Change with Data,
Narrative and Visuals［M］. New York: John Wiley & Sons, 2019.

［196］Fludernik M. An Introduction to Narratology［M］. London: Routledge,
2009.

［197］Duranti A, Goodwin C. Rethinking Context: Language as an Interactive

Phenomenon[M] . Cambridge: Cambridge University Press, 1992.

[198] Hamilton C, Harris V, Pickover M, et al. Refiguring the Archive[M] . London: Springer Science & Business Media, 2012.

[199] Heim M. The Metaphysics of Virtual Reality[M] . New York: Oxford University Press, 1993.

[200] Jeffrey R C. Entering the Infosphere: Some Thoughts on Implication of the Information Revolution[M] . Melean Va: Center for Information Strategy and Policy, Science Applications International Corporation, 1997.

[201] McKee R, Gerace T. Storynomics: Story-driven Marketing in the Post-Advertising World[M] . London: Hachette UK, 2018.

[202] Ryan M L, Ruppert J, Bernet J W. Narrative Across Media: The Languages of Storytelling[M] . Lincoln: U of Nebraska Press, 2004.

[203] Slouka M. War of the Worlds: Cyberspace and the High-tech Assault on Reality[M] . New York: Basic Books, 1996.

[204] Thompson S. The folktale (Vol. 204) [M] . California: Univ of California Press, 1977.

[205] Yin R K. Case Study Research: Design and Methods[M] . Thousand Oaks: Sage, 1994.

[206] Agüero A T, Ruiz Zuniga M. Archival Operations in Post-Dictatorship Novels: Memory and Chilean Human Rights Records[J] . Archives and Records, 2021, 43(168): 56–74.

[207] Ammanabrolu P, Tien E, Cheung W, et al. Story Realization: Expanding Plot Events into Sentences[A] . Association for the Advancement of Artificial Intelligence. AAAI–20 Technical Tracks 5[C] . New York: The Thirty-Fourth AAAI Conference on Artificial Intelligence, 2020, 34(5): 7375–7382.

[208] Bach B, Dragicevic P, Archambault D, et al. A Descriptive Framework for Temporal Data Visualizations Based on Generalized Space–Time Cubes

［J］. In Computer Graphics Forum, 2017, 36(6): 36-61.

［209］Baker S, Istvandity L, Nowak R. Curating Popular Music Heritage: Storytelling and Narrative Engagement in Popular Music Museums and Exhibitions［J］. Museum Management and Curatorship, 2016, 31(4): 369-385.

［210］Battad Z, White A, Si M. Facilitating Information Exploration of Archival Library Materials Through Multi-modal Storytelling［A］. Cardona-Rivera R, Sullivan A, Young R. Interactive Storytelling［C］. Little Cottonwood Canyon, UT: 12th International Conference on Interactive Digital Storytelling, 2019: 120-127.

［211］Battad Z, Si M. Using multiple storylines for presenting large information networks［A］. Traum D, Swartout W, Khooshabeh P, Kopp S, Scherer S, Leuski A. Intelligent Virtual Agents［C］. Los Angeles, CA: 16th International Conference on Intelligent Virtual Agents, 2016: 141-153.

［212］Lee C A. A Framework for Contextual Information in Digital Collections ［J］. Journal of Documentation, 2011(1): 95-143.

［213］Conway P, Punzalan R L. Fields of Vision: Toward a New Theory of Visual Literacy for Digitized Archival Photographs［J］. Archivaria, 2011 (71): 63-97.

［214］Cook T, Schwartz J M. Archives, Records, and Power: From (Postmodern) Theory to (Archival) Performance［J］. Archival science, 2002, 2(3): 171-185.

［215］Davidson A, Reid P H. Digital Storytelling and Participatory Local Heritage Through the Creation of an Online Moving Image Archive: A Case-Study of Fraserburgh on Film［J］. Journal of Documentation, 2021, 78(2): 389-415.

［216］Decker S. The Silence of the Archives: Business History, Post-Colonialism and Archival Ethnography［J］. Management & Organizational History,

2013, 8（2）: 155–173.

[217] Eisenhardt K M. Building Theories From Case Study Research[J] . Academy of Management Review, 1989, 14（4）: 532–550.

[218] Floch J, Jiang S. One place, Many Stories Digital Storytelling for Cultural Heritage Discovery in the Landscape[A] . Guidi G, Scopigno R, Torres J, etc. 2015 Digital Heritage（Vol. 2）[C] . IEEE, 2015: 503–510.

[219] Foni A E, Papagiannakis G, Magnenat–Thalmann N. A taxonomy of Visualization Strategies for Cultural Heritage Applications[J] . Journal on Computing and Cultural Heritage（JOCCH）, 2010, 3（1）: 1–21.

[220] Genette G, Ben–Ari N, McHale B. Fictional Narrative, Factual Narrative[J] . Poetics Today, 1990, 11（4）: 755–774.

[221] Gubrium J F, Holstein J A. Narrative Ethnography[J] . Handbook of Emergent Methods, 2008: 241–264.

[222] Herman D. Introduction[A] . In H. David（ed. ）Narratologies: New Perspectives on Narrative Analysis[C] . Columbus: Ohio State University Press, 1999: 1–30.

[223] Hullman J, Drucker S, Riche N H, et al. A Deeper Understanding of Sequence in Narrative Visualization[J] . IEEE Transactions on Visualization and Computer Graphics, 2013, 19（12）: 2406–2415.

[224] Lehnert W G. Plot Units and Narrative Summarization[J] . Cognitive Science, 1981, 5（4）: 293–331.

[225] Mayr E, Windhager F. Once upon a Spacetime: Visual Storytelling in Cognitive and Geotemporal Information Spaces[J] . ISPRS International Journal of Geo–Information, 2018（7）: 96.

[226] Nakasone A, Ishizuka M. Storytelling Ontology Model Using Rst[A] . Nishida T, Klusch M, etc. IEEE / WIC / ACM International Conference on Intelligent Agent Technology（IAT 2006 Main Conference Proceedings） [C] . Hong Kong: 2006 IEEE/WIC/ACM International Conference on

Intelligent Agent Technology, 2006: 163-169.

［227］Palombini A. Storytelling and Telling History. Towards a Grammar of Narratives for Cultural Heritage Dissemination in the Digital Era［J］. Journal of Cultural Heritage, 2017 (24): 134-139.

［228］Podara A, Giomelakis D, Nicolaou C, et al. Digital Storytelling in Cultural Heritage: Audience Engagement in the Interactive Documentary New Life［J］. Sustainability, 2021, 13 (3): 1193.

［229］Popper K. Three worlds［D］. Ann Arbor: University of Michigan, 1979.

［230］Psomadaki O I, Dimoulas C A, Kalliris G M, et al. Digital Storytelling and Audience Engagement in Cultural Heritage Management: A Collaborative Model Based on the Digital City of Thessaloniki［J］. Journal of Cultural Heritage, 2019 (36): 12-22.

［231］Segel E, Heer J. Narrative visualization: Telling Stories with Data［J］. IEEE Transactions on Visualization and Computer Graphics, 2010, 16 (6): 1139-1148.

［232］Si M. Facilitate Knowledge Exploration with Storytelling［J］. Procedia Computer Science, 2016 (88): 224-231.

［233］Si M. Tell a Story about Anything［A］. Hchoenau-Fog H, Bruni L, Louchart S, Baceviciute S. Interactive Storytelling［C］. Copenhagen: 8th International Conference on Interactive Digital Storytelling, 2015: 361-365.

［234］Vrettakis E, Kourtis V, Katifori A, et al. Narralive - Creating and Experiencing Mobile Digital Storytelling in Cultural Heritage［J］. Digital Applications in Archaeology and Cultural Heritage, 2019 (15): e00114.

［235］Wilkens T, Hughes A, Wildemuth B M, et al. The Role of Narrative in Understanding Digital Video: An Exploratory Analysis［J］. Proceedings of the American Society for Information Science and Technology, 2003, 40 (1): 323-329.

［236］Windhager F，Federico P，Schreder G，et al. Visualization of Cultural Heritage Collection Data：State of the Art and Future Challenges［J］. IEEE Transactions on Visualization and Computer Graphics，2018，25（6）：2311-2330.

［237］Zanish-Belcher T. Keeping Evidence and Memory：Archives Storytelling in the Twenty-First Century［J］. The American Archivist，2019，82（1）：9-23.

［238］Zeng J，Xu Y，NiuL. Storified narrative：Awake Photo Archives in Digital Humanities［J］. Digital Scholarship in the Humanities，2022，37（4）：1394-1410.

［239］Information technology-Topic Maps-Part 2：Data Model：ISO / IEC 13250-2：2006［S / OL］.［2024-08-05］. https://www. iso. org/obp/ ui/#iso:std:iso-iec:13250:-2:ed-1:v1:en.

［240］Legg E. Listening to Our Stories in Dusty Boxes：Indigenous Storytelling Methodology，Archival Practice，and the Cherokee Female Seminary［EB / OL］.［2022-12-10］. https://docs. lib. purdue. edu/cgi/viewcontent. cgi?article=1987&context=open_access_dissertations.

［241］Ontopia. OKS 1. 3 WHITE PAPER［EB / OL］.［2024-08-05］. http:// xml. coverpages. org/Ontopia-OKSv13. pdf.

［242］Thomas H. 10 Kinds of Stories to Tell with Data［EB / OL］.（2014-05-10）［2024-08-05］. https://hbr. org/2014/05/10-kinds-of-stories-to-tell-with-data.

［243］Time Machine EU. Time Machine Manifesto：Big Data of the Past for the Future of Europe［EB / OL］.［2024-08-05］. https://www. timemachine. eu/wp-content/up‐loads/2019/06/Time-Machine-Manifesto. pdf.

［244］Wang L，Xu Y，Niu L. Research on Archival Storytelling in the Digital Age［EB / OL］.［2024-08-05］. https://www. archivists. org. au/

documents/item/1568.

［245］Wohlfar M. Story Telling Aspects in Medical Applications.［EB / OL］.
　　　　［2024-08-05］. https://old. cescg. org/CESCG-2006/papers/VRVis-
　　　　Wohlfart-Michael/VRVis-Wohlfart-Michael. pdf.